O QUE FAZER DEPOIS DA CRISE

a contribuição do desenvolvimentismo keynesiano

O QUE FAZER DEPOIS DA CRISE

a contribuição do desenvolvimentismo keynesiano

JOÃO PAULO DE ALMEIDA MAGALHÃES

editoracontexto

Montagem de capa e diagramação
Gustavo S. Vilas Boas

Preparação de textos
Marconi Leal

Revisão
Daniela Marini Iwamoto

Dados Internacionais de Catalogação na Publicação (CIP)
(Câmara Brasileira do Livro, SP, Brasil)

Magalhães, João Paulo de Almeida
O que fazer depois da crise : a contribuição do desenvolvimentismo keynesiano? / João Paulo de Almeida Magalhães. – São Paulo : Contexto, 2009.

ISBN 978-85-7244-427-9

1. Desenvolvimento econômico 2. Economia keynesiana 3. Keynes, John Maynard, 1883-1946 4. Política econômica I. Título.

09-00217 CDD-330.156

Índices para catálogo sistemático:
1. Economia keynesiana 330.156
2. Keynesianismo : Economia 330.156
3. Teoria keynesiana : Economia 330.156

2009

Editora Contexto
Diretor editorial: *Jaime Pinsky*

Rua Dr. José Elias, 520 – Alto da Lapa
05083-030 – São Paulo – SP
PABX: (11) 3832 5838
contexto@editoracontexto.com.br
www.editoracontexto.com.br

SUMÁRIO

APRESENTAÇÃO 7

PREFÁCIO 9

OBJETIVO E LIMITES DO DESENVOLVIMENTISMO KEYNESIANO 11

NECESSIDADE DE UM PARADIGMA PARA O CRESCIMENTO RETARDATÁRIO 19

CONTRIBUIÇÕES DA ECONOMIA DO DESENVOLVIMENTO TRADICIONAL 31
Papel do Estado 34
Oferta ilimitada de mão-de-obra 36
Dualismo no crescimento retardatário 42
Problema do mercado no crescimento retardatário 46
Outras contribuições 49

CRESCIMENTO CLÁSSICO E CRESCIMENTO RETARDATÁRIO 53
Crescimento com e sem intervenção do Estado 57
Crescimento com escassez e com oferta ilimitada de mão-de-obra 59
Crescimento dual e crescimento unitário 66
Mercado como obstáculo ao crescimento retardatário 73
Mercado como determinante do crescimento retardatário 81
Apêndice: demanda real e demanda monetária 88

POLÍTICA GERAL: PAPEL DO GOVERNO E DO CAPITAL ESTRANGEIRO NO CRESCIMENTO RETARDATÁRIO 95
Papel do governo 96
Papel do capital estrangeiro 102

POLÍTICA DE CURTO PRAZO: A ESTABILIDADE MONETÁRIA 109
Inflação e crescimento econômico 111
Inflação em desenvolvidos e subdesenvolvidos 114
Estabilização monetária em desenvolvidos e subdesenvolvidos 120
Inflação e mitos 126
Apêndice: a armadilha do lento crescimento 132

POLÍTICA DE LONGO PRAZO: CRIAÇÃO DA DISPONIBILIDADE DE MERCADO 137
Mercado interno: teorias protecionistas 138
Mercado interno: políticas protecionistas 145
Mercado externo: integrações regionais, acordos de comércio e subvalorização cambial 149
Criação de mercado e política econômica brasileira 153

PONTOS BÁSICOS DE UMA ESTRATÉGIA PARA O CRESCIMENTO RETARDATÁRIO 161
Pré-condições de uma política de desenvolvimento 162
Mercado externo e mercado interno 169
Política de criação de mercado 174
Apêndice: problema da inviabilidade do crescimento para fora 184

CARACTERÍSTICAS NECESSÁRIAS DE UM PARADIGMA PARA O CRESCIMENTO RETARDATÁRIO: UMA NOTA METODOLÓGICA 189
Apêndice: um exemplo de utilização do método hipotético-dedutivo 198

SUBSÍDIOS À TEORIA DO CRESCIMENTO RETARDATÁRIO 201

CONSIDERAÇÕES FINAIS: DEZ TESES DESENVOLVIMENTISTAS 213

BIBLIOGRAFIA 217

O AUTOR 223

APRESENTAÇÃO

As pesquisas sobre o desenvolvimento econômico realizadas no Brasil costumam se basear em aparelho analítico gerado em economias desenvolvidas e com base na realidade dos países ricos. Ora, as condições existentes nas nações subdesenvolvidas ou em fase de desenvolvimento são radicalmente distintas daquelas dos países centrais, razão pela qual costumamos adotar políticas econômicas em total descompasso com nossa realidade e interesses. Quase três décadas de semiestagnação na América Latina – e em outras regiões do planeta – decorrem, em boa parte, da escolha de políticas econômicas baseadas em modelos teóricos inadequados. E a crise econômica que atinge o mundo, atualmente, mostra que é mais que hora de repensarmos nosso modelo.

O presente livro do professor João Paulo de Almeida Magalhães – *O que fazer depois da crise: a contribuição do desenvolvimentismo keyne-*

siano – aponta caminhos possíveis a serem percorridos e as providências que podemos adotar para se alcançar tal resultado. Sua preocupação é discutir questões estruturais a partir de um texto teórico consequente baseado no pensamento de Keynes.

É importante ressaltar que as preocupações do professor Almeida Magalhães baseiam-se em discussões desenvolvidas no Centro de Estudos para o Desenvolvimento (CED). O CED busca a criação de um paradigma teórico que tenha em conta as peculiaridades do crescimento retardatário, viabilizando a definição de instrumentos ajustados a políticas de eliminação do atraso econômico. Trata-se, em última análise, de proporcionar aos países subdesenvolvidos algo semelhante ao que foi feito pela teoria protecionista de Friedrich List – em seu antológico *Sistema nacional de economia política*, ao dar cobertura científica às políticas de industrialização dos Estados Unidos e da Alemanha. Ou, da mesma forma que Keynes, que – em uma perspectiva de curto prazo – diagnosticou as causas e instrumentos de correção dos ciclos recessivos.

O CED defende a tese de que, em uma perspectiva de longo prazo, se faz necessária a criação de paradigma capaz de determinar as causas do subdesenvolvimento econômico, apontando medidas corretoras requeridas para se atingir o almejado bem-estar de nossas sociedades.

Enquanto isso não for feito, continuaremos reféns de receituários como os do Consenso de Washington, em favor dos quais sempre se alegará estarem baseados no que há de melhor e mais avançado em ciência econômica.

A atual grave crise mundial deflagrada nos países desenvolvidos, resultante da fórmula neoliberal, inspirada na visão neoclássica da economia, cria condições favoráveis à implementação da proposta do CED.

Este é um livro fundamental para o Brasil de hoje. Suas concepções têm tudo para serem lidas e implementadas.

Paulo Sergio Souto – Presidente do CORECON/RJ
Maurício Dias David – Diretor do CED

PREFÁCIO

A tese básica deste livro é que a grave crise que vitima a economia mundial será solucionada em alguns poucos anos, deixando o Brasil diante da realidade bastante mais grave do seu atraso econômico. O renascido desenvolvimentismo brasileiro mostra o que fazer no sentido de contornar o problema. Para atingir seu objetivo, deve, contudo, justificar teoricamente (ou seja, cientificamente) suas propostas de política econômica, e não apenas alegar em seu apoio os maus resultados das fórmulas neoliberais.

A designação de keynesiano, que tende a assumir, constitui reconhecimento implícito dessa tese. Keynes, em sua Teoria Geral, contrariando o conservadorismo do pensamento econômico dominante (*mainstream economics*) de sua época, demonstrou, com base em argumentação científica de nível não inferior ao dele, a necessidade da ação do Estado para corrigir as recessões cíclicas, apontando, ao mesmo tempo, os instrumentos a serem utilizados.

A tarefa do novo desenvolvimentismo brasileiro vai no mesmo sentido. Ou seja, demonstrar, com base em argumentos científicos de nível não inferior aos da *mainstream economics*, como dissemos, que a correção do subdesenvolvimento econômico deve ser levada adiante através da ação do Estado e, eventualmente, baseando-se em instrumentos não convencionais.

Essa tarefa será facilitada se tiver como ponto de partida a economia do desenvolvimento tradicional, cuja contribuição básica foi demonstrar a necessidade de paradigma científico ajustado à realidade das economias retardatárias, tendo, inclusive, oferecido importantes subsídios para tanto.

No capítulo "Necessidade de paradigma para o crescimento retardatário", se indagará se existe, nas políticas econômicas indicadas para os subdesenvolvidos, conspiração dos interessados em manter o monopólio do pleno desenvolvimento ou se estamos somente diante de erro técnico, decorrente da utilização de paradigmas incompatíveis com a realidade desses países. No capítulo "Contribuições da economia do desenvolvimento tradicional", serão identificadas as contribuições relevantes dessa corrente de pensamento e, em "Crescimento clássico e crescimento retardatário", serão sublinhadas, com base nelas, as diferenças entre os crescimentos clássico e retardatário.

A partir dessa análise e nos três capítulos seguintes ("Política geral: papel do Estado e do capital estrangeiro no crescimento retardatário", "Política de curto prazo: a estabilidade monetária" e "Política de longo prazo: a criação de disponibilidade de mercado") serão expostas as políticas econômicas aconselháveis, concernentes ao papel do Estado e do capital estrangeiro no desenvolvimento econômico, à estabilidade monetária e à criação de mercado. Em "Pontos básicos de uma estratégia para o crescimento retardatário" mostraremos como as conclusões a que se chegou podem ser reunidas em uma nova estratégia econômica para as economias retardatárias.

Por fim, nos capítulos "Características necessárias de um paradigma para o crescimento retardatário: uma nota metodológica" e "Subsídios à teoria do crescimento retardatário", descreveremos características e condicionantes do paradigma econômico a ser criado e ofereceremos subsídios para a montagem desse paradigma.

OBJETIVO E LIMITES DO DESENVOLVIMENTISMO KEYNESIANO

O mundo atravessa hoje uma crise apenas menos grave que a de 1929, que arrasou a economia mundial e só foi vencida (no sentido de se voltar aos níveis econômicos anteriores) após 1939. A crise atual será menos profunda e mais curta, dado que governos e bancos centrais estão agindo com base no receituário proposto por John Maynard Keynes no seu livro de 1936, *Teoria geral do emprego: juros e moeda*. Acontece que, no caso do Brasil, superada a crise, o país continuará na situação de subdesenvolvimento e com sombrias perspectivas econômicas de longo prazo. Explicitemos esse ponto.

Passou-se recentemente a valorizar o papel dos BRIC na economia mundial. Trata-se de quatro países (Brasil, Rússia, Índia e China) que, pelo tamanho de seus mercados internos, peso relativamente elevado de suas economias e rápido crescimento, deverão desempenhar papel importante na economia mundial das próximas décadas.

Acontece que o Brasil, apesar de usufruir de condições bem mais favoráveis ao desenvolvimento que os outros três países, é o que vem apresentando os piores resultados. Nas últimas três décadas registrou inclusive, em determinados momentos, incremento do PIB inferior ao dos países desenvolvidos. Pelo que se chegou a pôr em dúvida o acerto de sua colocação entre os BRIC.

Com o Plano de Crescimento Acelerado (PAC), deu-se o primeiro passo para reverter tal situação. O PAC, porém, está longe de oferecer a estratégia de longo prazo de que o país urgentemente necessita. Na prática, seu objetivo não é outro do que obter, no segundo mandato do presidente Lula, melhores resultados do que no primeiro. O PAC não escapa sequer, inteiramente, da visão neoliberal conforme atesta a absoluta prioridade concedida às metas de controle da inflação e o uso de elevadíssima taxa de juros para obter esse resultado. Igualmente dentro da perspectiva neoliberal, se aceita implicitamente na equipe econômica que a taxa máxima de incremento do PIB, compatível com o controle da inflação, seja de 5% ao ano. Enquanto no resto do mundo as economias emergentes crescem entre 7% e 11%, chegando algumas vezes a 14%. E com a inflação perfeitamente sob controle.

Será muito lamentável se a preocupação com a crise presente, que não poderá durar mais que uns poucos anos, ou a euforia com eventuais bons resultados no sentido de sua eliminação relegarem ao esquecimento o fato de ser o subdesenvolvimento o problema fundamental da economia brasileira. As medidas até agora adotadas em todo mundo por governos e bancos centrais, inspiradas na visão keynesiana, são unanimemente aceitas como adequadas ao objetivo de eliminação da crise. Quando muito se discute se são quantitativamente suficientes ou se deverão ser ampliadas.

Assinale-se, a par disso, que já existe ampla literatura recente analisando os diferentes aspectos da crise e dos instrumentos disponíveis para eliminá-la. Quaisquer novas análises dificilmente oferecerão algo de novo. E, de qualquer forma, a responsabilidade principal no que concerne à eliminação da crise cabe aos países desenvolvidos e especialmente aos Estados Unidos.

Por todos esses motivos, este livro se limita à proposta dos meios e modos a serem utilizados para, vencida a crise, colocar o país na trilha da eliminação do seu atraso econômico. Ele mostra, em última análise, ser possível, através de enfoque de longo prazo dos procedimentos utilizados por Keynes, se conseguir a eliminação do subdesenvolvimento brasileiro em tempo útil. Ou seja, antes que os graves problema econômicos, políticos e sociais do país tornem-se irreversíveis.

No período recente, em função do estrondoso fracasso do experimento neoliberal no Brasil, grande número de textos vêm sendo publicados, como contribuição pessoal ou coletânea de artigos, oferecendo sugestões sobre a maneira de fazer o país voltar ao crescimento acelerado que registrou no passado e que constitui hoje a norma entre as economias emergentes. É frequente os autores desses trabalhos se autodenominarem keynesianos.[1]

Pretendem, com isso, sinalizar que discordam da visão neoliberal de total respeito aos mecanismos de mercado sustentando, em sentido contrário, a tese de que sistemática intervenção do governo na economia é fundamental para a eliminação do atraso econômico. Nesse sentido, o nome de Keynes é uma boa escolha, porque ele foi o primeiro economista de grande projeção a negar a capacidade do livre funcionamento do mecanismo de preços levar ao ótimo econômico.

Essa nova corrente do pensamento econômico brasileiro poderia receber o nome de pós-keynesiana, neokeynesiana ou novo-keynesiana. Acontece que essas denominações já foram apropriadas pelos seguidores de Keynes não podendo, assim, ser utilizadas. Possivelmente em função disso, Bresser Pereira sugeriu a denominação "novo-desenvolvimentismo", que, a nosso ver, sem o adjetivo "novo" e completada com uma referência expressa a Keynes, ilustra bem a proposta dessa nova corrente de pensamento econômico, que, vencida a crise atual, mostrará o caminho para resolver o problema, bastante mais grave, do subdesenvolvimento. No capítulo "Características necessárias de um paradigma para o crescimento retardatário: uma nota metodológica", mostraremos que existem outros motivos, além do citado, para designá-la como keynesiana.

Ponto inicial a ser sublinhado é que o desenvolvimentismo keynesiano, para atingir seus objetivos, deve oferecer justificação teórica de suas propostas pelos motivos que se explicitarão a seguir.

As propostas de política econômica do desenvolvimentismo são, usualmente, justificadas como alternativa à fórmula neoclássica de política econômica (cuja versão doutrinária é o neoliberalismo) que fracassou redondamente, não só no Brasil como em toda a América Latina. Diante disso, os desenvolvimentistas passaram simplesmente, e sem qualquer justificação teórica, a defender políticas econômicas opostas às que vinham sendo adotadas. Exemplifiquemos:

A passividade do Estado na economia levou o Brasil a 25 anos de semiestagnação. A alternativa óbvia a essa política é administrar a economia com base em planos que descrevam os objetivos visados e apontem os instrumentos requeridos para alcançá-los, tal como sugerem os desenvolvimentistas. A sobrevalorização do real vem conduzindo o país à crescente especialização no setor de *commodities* agrícolas e industriais. Especialização indesejável por se tratar de setor de baixo valor adicionado por trabalhador, tecnologia elementar e lento crescimento. Faz-se, dessa forma, desnecessária maior justificação da proposta desenvolvimentista de desvalorização da taxa de câmbio. Algo semelhante acontece com os altíssimos juros vigentes no país, que desencorajam investimentos, atraem capital estrangeiro especulativo e oneram pesadamente as finanças públicas. O que torna evidente a sugestão de reduzi-los de modo drástico.

Ou seja, a fundamentação das alternativas propostas se acha, simplesmente, nos maus resultados da fórmula neoliberal. Não existe nelas embasamento teórico a demonstrar que as políticas em curso no país estão erradas porque ignoram a especificidade do crescimento retardatário, pretendendo conduzi-lo a partir de fórmulas que se revelaram eficazes nos atuais países desenvolvidos.

Diante da falta de justificação teórica, essencial no debate científico, os defensores da visão neoclássica continuam a alegar que suas sugestões se baseiam no que há de melhor e mais avançado na ciência econômica. Os maus resultados obtidos são justificados como erros facilmente corrigíveis. Assim, a alegação atualmente em moda é que o fracasso da proposta neoliberal, codificada no Consenso de Washington, se deve exclusivamente ao fato de as instituições existentes nos países subdesenvolvidos não serem adequadas ao crescimento econômico. As propostas do neoliberalismo continuariam, portanto, plenamente válidas, bastando apenas complementá-las com um esforço de aperfeiçoamento institucional. É o Consenso de Washington Ampliado.

O objetivo do presente trabalho é enfrentar o problema, apontando em linhas gerais o caminho a ser percorrido para se criar uma teoria que possa justificar cientificamente as propostas desenvolvimentistas.

Chegamos aqui a outra justificação para a referência expressa a Keynes no nome proposto para a nova corrente do pensamento econômico brasileiro. As teses desse autor, que encontraram forte resistência inicial da *mainstream economics*, acabaram sendo a ela incorporadas, dado o seu nível em nada inferior ao da melhor ciência econômica da época. A tarefa aqui proposta para o desenvolvimentismo keynesiano é exatamente, tal como Keynes, oferecer uma alternativa ao neoliberalismo da teoria neoclássica, alternativa justificada por paradigma de nível científico não inferior ao dela.

Uma outra observação se faz necessária. Posto que se pretenda adotar, no presente texto, um enfoque fundamentalmente teórico, será frequente a referência a fatos e situações concretas ocorridas no Brasil, na América Latina ou nos subdesenvolvidos em geral. Justificação metodológica se faz assim necessária.

Na Ciência Econômica, ao contrário do que sucede nas Ciências Exatas, não se realizam experiências ou observações controladas em condições de laboratório. Tampouco se consideram lícitos ou normais experimentos como, por exemplo, elevar fluxos monetários a fim de medir seu impacto inflacionário ou abrir a economia para verificar sua capacidade de concorrer com o produto estrangeiro. Acontece, porém, que situações desse tipo ocorrem a todo momento em simples decorrência do funcionamento normal da economia. O que permite utilizá-las para montar teorias que definam causas e efeitos na realidade econômica ou, simplesmente, que possibilitem testar a validade de pensamentos teóricos já existentes. É nesse sentido que, no presente livro, serão examinados, além de contribuições teóricas, fatos ocorridos em países subdesenvolvidos, seja em função do seu processo espontâneo de crescimento, seja em consequência das políticas econômicas aí implementadas.

No caso da América Latina, a identificação dos resultados das políticas econômicas reveste-se de especial importância, na medida em que permitem identificar a causa dos maus resultados obtidos pela opção neoliberal e colher subsídios para a montagem de paradigma alternativo que, por ser mais ajustado à realidade do subdesenvolvimento, servirá de base para a definição de ações econômicas capazes de oferecer melhores resultados.

A crise financeira internacional que ora enfrentamos – resultante básica da desregulamentação do setor bancário, defendida pelo neoliberalismo – levou à revalorização do pensamento keynesiano, segundo o qual o mecanismo de preços deixado ao seu livre financiamento não garante o ótimo econômico. O papel do Estado na economia torna-se, assim, fundamental. Keynes ofereceu interpretação científica para as causas determinantes das recessões cíclicas nas economias maduras e descreveu os instrumentos para corrigi-las. A simples retomada de suas propostas é, portanto, suficiente para orientar as medidas corretoras requeridas pela crise atual.

Esta reforça, sem dúvida, a posição dos desenvolvimentistas brasileiros, ao mostrar que o neoliberalismo fracassou também no Primeiro Mundo.

Todavia, no caso das economias retardatárias, não estamos diante de uma depressão cíclica, corrigível a curto prazo, mas de atraso econômico, cuja eliminação depende de estratégia e políticas de longo prazo. Ora, a análise de Keynes se refere às economias maduras e é essencialmente de curto prazo. Ele justifica inclusive essa última característica com uma frase repetidamente citada: "No longo prazo, estaremos todos mortos." A revalorização do enfoque keynesiano é capaz de orientar as ações requeridas para eliminar a crise financeira decorrente da desregulamentação do setor bancário, mas em nada contribui para o equacionamento dos problemas dos países subdesenvolvidos gerados pela subserviência ao Consenso de Washington.

Ou seja, se o renascimento da visão keynesiana representa, sem dúvida, a "pá de cal" na visão neoliberal, nem por isso dispensa o desenvolvimentismo keynesiano de criar um paradigma que interprete o crescimento retardatário e defina estratégias e políticas econômicas pertinentes. Do mesmo modo que Keynes, utilizando uma perspectiva de curto prazo, interpretou e ofereceu remédio às recessões, cabe aos desenvolvimentistas – que assumiram a bandeira do keynesianismo – a tarefa de interpretar e propor medidas corretoras de longo prazo para o atraso econômico.

Para melhor compreensão do texto a seguir, algumas observações sobre a nomenclatura utilizada são igualmente importantes. O termo "paradigma" é adotado na acepção, proposta por Kuhn, de "teoria básica que tende a orientar toda a atividade de determinado ramo científico". Alternativamente se utilizará a denominação "teoria econômica" ou "modelo econômico", sobretudo quando a referência for à aplicação concreta de teorias ou paradigmas.

As designações "neoclássico" e *mainstream economics* serão também consideradas sinônimos. A *mainstream economics* abrange a contribuição de Keynes, variante heterodoxa da linha analítica que dominou a ciência econômica desde os seus primórdios e é hoje usualmente referida como "neoclássica".

Nas análises econômicas mais recentes, passou-se a utilizar as designações de "novo-clássica" e "novo-keynesiana" para denominar as mais recentes contribuições das duas correntes da *mainstream economics*. De maneira geral, é lícito afirmar que, enquanto a primeira continua a crer na capacidade de o mercado garantir o ótimo econômico, a segunda contesta essa tese, com base na análise de casos específicos. Já que para nossa análise essas distinções são irrelevantes, utilizaremos, quando necessário, somente as designações de "keynesiano" ou "neoclássico".

A concepção neoclássica tem como vertente doutrinária o neoliberalismo, pelo que as duas denominações serão utilizadas alternativamente. A primeira, sobretudo quando se estiver tratando de aspectos teóricos. A segunda, quando a referência for a casos concretos de política econômica.

Assinalemos, finalmente, que embora consideremos a denominação "desenvolvimentismo keynesiano" a que melhor descreve a nova corrente do pensamento econômico brasileiro, utilizaremos frequentemente, para maior simplicidade, a designação resumida de "desenvolvimentismo".

NOTA

[1] Entre outras manifestações dessa tendência, temos a criação da Associação Keynesiana Brasileira e a publicação em 2008 do importante trabalho *Teoria do desenvolvimento: teoria e políticas keynesianas*, de Sicsú e Vidotto (orgs).

NECESSIDADE DE UM PARADIGMA PARA O CRESCIMENTO RETARDATÁRIO

Ponto preliminar a ser esclarecido é por que o Brasil e a América Latina em geral têm necessidade do desenvolvimentismo. A explicação é simples. Durante quase três décadas, a região implementou uma política econômica inspirada na visão neoclássica (cuja vertente doutrinária é o neoliberalismo), que representava o que há de mais avançado em matéria de ciência econômica. E esse foi um período de semiestagnação crônica para todo o continente, o que atesta a incompatibilidade entre o paradigma adotado e a realidade dos países subdesenvolvidos.

Duas explicações foram oferecidas para o fato. De acordo com a primeira, houve somente erro de interpretação das peculiaridades do crescimento retardatário pelos formuladores de políticas econômicas. De acordo com a segunda, existiu inegável intenção dos economistas do Primeiro Mundo de bloquear a expansão das economias atrasadas. O exame dessas duas interpretações é importante para se decidir sobre o que deve ser feito, a fim de evitar que os erros do passado se repitam no futuro.

Para Bacharach,[1] que oferece argumento favorável à primeira interpretação, o que ocorreu foi apenas um problema de *verstehen*. Este, extremamente importante nas ciências sociais, consiste na capacidade de o analista envolvido em determinada realidade compreendê-la de forma direta, sem necessidade de estudos ou pesquisas. Assim, diante da ameaça de uma guerra ou de séria comoção social, o analista percebe de maneira imediata os motivos da corrida aos bancos e da estocagem de bens de consumo pelas famílias.

O *verstehen* pode ser dividido em doméstico e radical. O primeiro refere-se ao observador agindo no seu próprio ambiente. No segundo, o cientista procura se colocar no ambiente de outras civilizações ou culturas, caso do antropólogo, do etnólogo e de pesquisadores de países desenvolvidos ao analisarem economias retardatárias. O *verstehen* radical é mais difícil e problemático. No caso da economia, aumenta o risco de indevida transferência para países subdesenvolvidos de políticas adotadas com sucesso em economias maduras, mas que se revelam ineficazes ou mesmo prejudiciais às economias atrasadas. Teria sido o que ocorreu na aplicação à América Latina do modelo neoclássico.

Schumpeter apoia essa interpretação ao afirmar:

> É também verdade que sempre que tentamos interpretar atitudes humanas, sobretudo de pessoas muito distantes de nós em tempo e cultura, arriscamo-nos a não entendê-las, não apenas se substituirmos grosseiramente nossas atitudes pelas delas, mas também quando nos esforçamos para penetrar no comportamento de suas mentes. Tudo isso se torna muito pior do que seria de outro modo, porque o observador é produto de um contexto social e de sua situação especial nesse contexto, o que o condiciona mais para certas coisas do que para outras e para vê-las de certa perspectiva. E isso não é tudo: fatores ambientais podem inclusive marcar o observador com o desejo subconsciente de vê-las sob uma certa luz.[2]

Essa análise abrange tanto a dificuldade colocada pelo *verstehen* radical, quanto pela defesa inconsciente de interesses paroquiais por parte dos pesquisadores.

No sentido de justificar a existência de conspiração contra os países subdesenvolvidos, alegou-se o sucateamento da economia do desenvolvimento, ainda que suas teses básicas não tivessem sido refutadas.[3] Krugman[4] explica de outra forma o declínio dessa disciplina. De acordo com ele, os *grants*, que nos desenvolvidos constituem a base de qualquer pesquisa científica, eram na economia do desenvolvimento ligados aos auxílios concedidos a países pobres. O estudo destes permitia, em última análise, orientar melhor o apoio oferecido. Com o declínio dos subsídios, desapareceram os *grants*. Não teria havido, portanto, qualquer intenção de prejudicar os subdesenvolvidos.

A mais decidida defesa da tese da existência de conspiração contra os subdesenvolvidos foi proposta por H. C. Chang.[5] No seu livro *Chutando a escada*, ele retoma a tese de List, segundo a qual os pioneiros da Revolução Industrial do século XIX estavam tentando impedir que os demais países seguissem pelo mesmo caminho. Isto é, estavam "chutando a escada" por que subiram, a fim de evitar que outros fizessem o mesmo. Sua crítica se concentra na tese propalada pelos países ricos e pelos organismos internacionais por eles controlados de que o subdesenvolvimento resultava, essencialmente, da falta de instituições adequadas. Entendidas estas como as regras do jogo econômico.

A importância da denúncia de Chang está em que, diante do estrondoso fracasso do neoliberalismo, procurava-se explicar que isso acontecera em consequência da falta de instituições adequadas ao crescimento econômico. Ou seja, o receituário neoliberal estaria correto, faltando apenas complementá-lo com a reforma institucional. Em suas palavras:

> Ao pedirem aos países em desenvolvimento padrões institucionais que eles mesmos nunca atingiram, os países desenvolvidos estão adotando duplo critério e prejudicando os países subdesenvolvidos ao impor-lhes muitas instituições de que eles não precisam e nem têm capacidade de implantar.[6,**]

Não menos importante, segundo ele, é o fato de as instituições hoje existentes nos países em desenvolvimento serem mais avançadas do que as registradas nos atuais desenvolvidos em fase correspondente de seu crescimento. Lembra, nesse sentido, que a Inglaterra de 1820 possuía nível de desenvolvimento correspondente ao da atual Índia. E não contava com instituições já existentes nela, como sufrágio universal, banco central, imposto de renda, responsabilidade limitada generalizada, moderna lei de falência bancária, burocracia profissionalizada e regulamentação significativa do sistema acionário.

Da mesma forma, a Itália, em 1875, tinha o nível de desenvolvimento do Paquistão de hoje. E, no entanto, não dispunha de sufrágio universal masculino, burocracia profissional, sistema judiciário independente, banco central com monopólio de emissões nem lei de concorrência – instituições que já existem no atual Paquistão, algumas delas há décadas. Por que então se exigir das economias retardatárias o que os atuais países desenvolvidos jamais tiveram na época áurea do seu crescimento?

Completando sua crítica, o autor afirma taxativamente que a maioria das instituições recomendadas aos países em desenvolvimento como "boa governança" são, de fato, o resultado e não a causa do crescimento das atuais economias maduras, não tendo sentido apontá-las como pré-requisito para o sucesso das políticas de desenvolvimento.

Também com respeito ao abandono da economia do desenvolvimento, a interpretação conspiratória oferece explicação diferente da proposta por Krugman. De acordo com ela, o otimismo quanto à possibilidade de eliminar o subdesenvolvimento em escala planetária, surgido logo após a Segunda Guerra Mundial, deu lugar, no fim dos anos 1960, a sério pessimismo. Os países desenvolvidos tomaram consciência de que políticas destinadas a alcançar esse objetivo trariam graves consequências para eles, como a elevação no preço de recursos naturais não renováveis e a necessidade de grandes investimentos para reduzir a agressão provocada ao meio ambiente por sua atividade econômica. Teria sido por esse, e não por outro motivo, que desapareceram os *grants* às pesquisas sobre o crescimento retardatário, com o consequente declínio da economia do desenvolvimento.

Mais que isso, como os países desenvolvidos não podem hoje lançar mão dos mesmos instrumentos utilizados no passado para bloquear o desenvolvimento das nações periféricas, tais como o pacto colonial, a abertura militarmente imposta à China e ao Japão e as pressões econômicas de diversos tipos sobre a América Latina,[7] o instrumento ideológico passou a ser utilizado. O abandono da economia do desenvolvimento foi complementado pela imposição do que se tornou conhecido como "pensamento único", que alguns autores preferem chamar de "pensamento hegemônico". De acordo com ele, as recomendações da teoria neoclássica – que se revelaram eficazes nas economias maduras – são plenamente válidas para as economias retardatárias. Ou seja, a abstenção do Estado, a ampla abertura do país à entrada de capitais e mercadorias estrangeiras, e o estrito respeito aos mecanismos de mercado constituiriam a forma correta de eliminar o atraso econômico.

Dutt e Ros definem bem o problema do surgimento do chamado pensamento único ao afirmarem: "A *mainstream economics* raramente reconhece [...] a existência de enfoques alternativos aos seus. O que agora é a *mainstream economics* que é usualmente chamada economia neoclássica".[8]

E continuam:

> Embora houvesse diversas escolas competitivas inicialmente, pelo meio do século XX a economia neoclássica se tornou relativamente estandardizada e estabeleceu seu domínio na profissão (apesar do crescimento da economia keynesiana que se tornou crescentemente "neoclássica"). Essa tendência da teoria neoclássica de dominar a profissão econômica alcançou um ponto no qual a maioria dos economistas (principalmente nos Estados Unidos) definiria a economia como economia neoclássica.[9]

Ante o exposto, a pergunta que surge é a seguinte: as políticas econômicas implementadas na América Latina e que a condenaram a quase três décadas de semiestagnação decorreram de erros determinados pelo *versteben* radical e pela defesa inconsciente dos economistas do Primeiro Mundo do interesse de seus países ou resultaram, como sustenta Chang, da tentativa dos desenvolvidos de monopolizarem os ganhos resultantes da industrialização?

Tudo indica que a resposta não é relevante. Vejamos por quê. A teoria das vantagens comparativas proposta por Ricardo era perfeitamente correta no século XIX, quando países do mesmo nível econômico se propunham a facilitar sua industrialização, mediante a abertura recíproca de mercados. Logo depois, todavia, ela passou a ser erradamente utilizada para condenar o protecionismo dos países da segunda onda de industrialização (Estados Unidos e Alemanha). Foi esse fato que levou List a acusar os países industrializados de estarem "chutando a escada" para impedir que os demais seguissem pelo mesmo caminho.

Bem-sucedida reação contra esse tipo de manobra foi o enfrentamento direto do problema, com base em argumentos de nível igual ao da melhor Ciência Econômica da época, os quais invalidavam a irrestrita condenação de qualquer fechamento econômico contida na teoria das vantagens comparativas.Tarefa levada adiante pela teoria protecionista de List.

Nos Estados Unidos, Alexandre Hamilton percebeu a importância do protecionismo para garantir a industrialização de seu país. Suas teses, contudo, dificilmente prosperariam diante do aconselhamento em contrário do que existia de mais avançado na Ciência Econômica. O problema foi contornado pela teoria protecionista de List, que deu cobertura científica a elas.

Tais fatos oferecem lição a ser aproveitada pela América Latina. A escolha entre as duas interpretações citadas anteriormente (a conspiratória e a de compreensão equivocada das condições de subdesenvolvimento) é irrelevante. Isso porque, estejamos diante de um erro técnico ou de uma conspiração, a solução é sempre a mesma. Ou seja, a montagem de paradigma ajustado à realidade dos subdesenvolvidos que, da mesma forma que a teoria protecionista de List no caso da industrialização de Estados Unidos e Alemanha, justifique tecnicamente políticas econômicas capazes de eliminar o atraso econômico.

A tese básica do presente livro é que a melhor forma de conduzir a análise desenvolvimentista consiste em os países subdesenvolvidos retomarem a linha de pesquisa lançada pela economia do desenvolvimento. Nenhuma das grandes teses da disciplina – que proporcionaram o Prêmio Nobel a Lewis e Myrdal – foi, de fato, refutada. Pesquisas do gênero se viram simplesmente abandonadas ante o desinteresse dos países desenvolvidos que a patrocinavam. Da mesma forma que Keynes, da perspectiva de curto prazo, explicou e sugeriu remédio para as paralisações cíclicas da economia, a economia do desenvolvimento, tendo em vista o longo prazo, analisou teoricamente o subdesenvolvimento, propondo os meios e modos de corrigi-lo. O primeiro passo do desenvolvimentismo keynesiano deve consistir, portanto, na revisão e na atualização das teorizações da economia do desenvolvimento.

É importante sublinharmos que, diferentemente de Keynes, o desenvolvimentismo deve se colocar na perspectiva de longo prazo. O que, de acordo com as conclusões de pesquisa dirigida por Bielschowky e Mussi,[10] implica uma fundamental mudança na perspectiva dominante no pensamento econômico brasileiro. Em uma pesquisa envolvendo mais de quarenta economistas do mais elevado nível, indagou-se aos entrevistados o que se deveria fazer para recolocar o Brasil na trilha do desenvolvimento. A conclusão dos organizadores foi a que segue:

> Desde as primeiras entrevistas ficou claro que o crescimento não tem ocupado parte central das preocupações e reflexões da maioria dos economistas brasileiros. De fato, o campo temático mostrou-se pouco propício a grandes aprofundamentos por parte dos entrevistados e tornou-se evidente, durante a pesquisa, que se tratava de um regresso ao tema.[11]

E continuam: "Há que se mencionar uma extrema preocupação com o curto prazo. Em especial com as políticas de estabilização, a qual vem afogando e desfocando a visão de longo prazo."[12]

Contra a proposta de retomada das teorizações da economia do desenvolvimento tradicional, poderia ser alegado que o programa científico de pesquisa dessa disciplina havia, na terminologia da Filosofia das Ciências, simplesmente "estancado". Ou seja, deixara de apresentar resultados relevantes, não tendo sentido, portanto, mantê-lo ou retomá-lo. Dentro dessa linha, Krugman[13] assinala que uma das explicações oferecidas para o declínio da economia do desenvolvimento é a de que seus pesquisadores não conseguiram formalizar (na prática matematizar) suas conclusões. É óbvio, todavia, que essa deficiência foi resultado inevitável do desaparecimento dos *grants* que financiavam essa linha de pesquisa, o que impediu que fossem aprofundadas e formalizadas suas conclusões.

O que sucedeu com a economia do desenvolvimento pode ser explicado levando-se em conta as características específicas da Ciência Econômica. Nesta, como em outras Ciências Sociais, o *verstehen* tem grande importância. Em sua primeira fase, tomam a forma de contribuições essencialmente literárias, que exprimem as intuições ou o conhecimento direto do cientista sobre a realidade que estuda. Em fase posterior, as análises são formalizadas, passo indispensável para a ampliação e o aprofundamento de qualquer programa científico de pesquisas. Para a Economia, que trabalha essencialmente com variáveis quantitativas, isso significa lançar mão do instrumental matemático.

Foi isso que sucedeu com a atual *mainstream economics*. Em sua primeira fase, ela foi fundamentalmente literária, com as contribuições seminais da chamada Escola Clássica. Tivemos, então, contribuições de Adam Smith, Malthus, Ricardo, Stuart Mill, Jean Baptiste Say e muitos outros. O marginalismo deu o primeiro passo no sentido da formalização da Economia, que evoluiria, a partir daí, no sentido da larga utilização do instrumental matemático. O *Value and capital* de Hicks deu início a essa evolução, ao complementar uma exposição puramente literária com um apêndice matemático. Samuelson marcou o amadurecimento do processo com seu *Foundations of economic analysis*.

Na economia do desenvolvimento, a perda de interesse pela disciplina por parte dos países desenvolvidos impediu que essa evolução normal e necessária ocorresse. A tarefa de eliminar semelhante lacuna, retomando as teorizações sobre o crescimento retardatário, cabe aos países subdesenvolvidos.

Nesse contexto, um aspecto importante deve ser sublinhado. Não é tarefa do desenvolvimentismo oferecer alternativa à teoria neoclássica, como pretenderam fazer no passado a escola histórica alemã e a corrente institucionalista americana. O objetivo, mais limitado, do desenvolvimentismo keynesiano deve ser apenas apresentar propostas que substituam as teorizações sobre o crescimento econômico contidas na *mainstream economics* e, dessa forma, levando em conta a especificidade do crescimento retardatário viabilizar a definição de políticas eficazes para a eliminação do atraso econômico.

Faz-se necessário observar que o desenvolvimentismo keynesiano é um ramo da Economia que começa apenas agora a dar seus primeiros passos. O objetivo do presente livro não é, portanto, recapitular suas supostas contribuições, mas (a) recapitular as análises da economia do desenvolvimento tradicional sobre o crescimento retardatário; (b) aprofundar alguns aspectos de suas conclusões, mostrando como já proporcionam justificação teórica (ou científica) para políticas econômicas ajustadas à realidade dos países subdesenvolvidos; e (c) apontar as condicionantes metodológicas do sucesso do desenvolvimentismo keynesiano. Ou seja, não se trata de descrever o caminho já palmilhado, mas de desbravar o caminho a ser percorrido.

Consideração final relevante refere-se ao significado do aumento do PIB, relativamente a medidas redistributivas destinadas a elevar o padrão de vida das categorias de baixa renda nas economias retardatárias.

O objetivo básico do desenvolvimentismo keynesiano consiste em definir políticas econômicas que proporcionem elevação do PIB nas economias retardatárias, em ritmo suficiente para colocá-las na trilha da eliminação do atraso econômico. Na literatura brasileira recente, em função da persistência do baixo padrão de vida dos grupos menos favorecidos e como forma de incrementá-los, passou-se a valorizar medidas redistributivas. Programas do tipo Bolsa Família foram lançados e os ganhos por eles obtidos, mensurados com base no Índice de Desenvolvimento Social (IDS), entre outros.

Acontece que, da perspectiva de longo prazo, a única forma de obter melhorias significativas nos padrões de vida da população é, fundamentalmente, o incremento do PIB. Os bons resultados obtidos recentemente pelo Brasil em seu IDS poderiam ser ainda melhores se o país estivesse crescendo no ritmo dos países do leste e do sul da Ásia ou de alguns de seus vizinhos. Mais importante que isso: Rocha e Albuquerque[14] mostram que no período 1970-80 – quando medidas redistributivas como as atuais não receberam grande ênfase, mas o PIB brasileiro crescia em média 8,6% ao ano – o IDS registrou crescimento anual médio de 3,33%. Já no intervalo 2000-2005, marcado por importantes medidas sociais dos governos Fernando Henrique e Lula, com PIB crescendo em média 2,74% ao ano, a taxa de incremento do IDS foi de somente 1,08%. O rápido crescimento do PIB constitui, portanto, condicionante crítica da elevação do IDS.

Não estamos, com isso, desmerecendo políticas sociais, extremamente importantes em países como o Brasil, caracterizados por níveis elevadíssimos de concentração de renda. Grave erro seria, contudo, substituir a política de desenvolvimento por elas. Na análise a seguir se mostrará que política redistributiva destinada a criar uma sociedade de consumo massificada constitui não somente objetivo socialmente desejável, mas também condição fundamental para o sucesso de um modelo de desenvolvimento. No contexto brasileiro, políticas de distribuição de renda e de desenvolvimento são complementares e mutuamente necessárias. Todavia, a prioridade deve ser sempre concedida às últimas, inclusive porque o desenvolvimento amplia as potencialidades de medidas redistributivistas.

A título ilustrativo é útil citar a tomada de posição do Banco Mundial em publicação sobre o tema, intitulada *The growth report, strategies for sustained growth and inclusive development.*[15] O trabalho resume as conclusões de uma comissão integrada por 19 especialistas em desenvolvimento e crescimento econômico, entre os quais dois ganhadores do Prêmio Nobel, Robert Solow e Michael Spence. A questão é colocada nos seguintes termos:

O crescimento não é um fim em si mesmo. Mas ele torna possível alcançar outros importantes objetivos dos indivíduos e da sociedade. Ele pode poupar o povo da pobreza e do trabalho penoso. Nenhuma outra iniciativa jamais conseguiu isso. Ele também cria recursos para apoiar saúde, educação e as outras metas estabelecidas no documento das Nações Unidas *Millenium development goals* com as quais o mundo se comprometeu. Em suma, nós adotamos o ponto de vista de que o crescimento é a condição necessária, mas não suficiente, para desenvolvimento mais amplo, apoiando o objetivo para indivíduos de serem produtivos e criativos.[16]

NOTAS

** As citações de obras cujos originais não possuem tradução para o português, constituem em adaptação livre do autor

1 M. Bacharach, "The Role of 'Versten' in Economic Theory", em Richerche Economiche, jan/jun 1989.

2 J. A. Schumpeter, History of Economic Analysis, New York, Oxford University Press, 1954, p. 34.

3 A economia do desenvolvimento era importante para as economias retardatárias porque, contrariamente ao observado em trabalhos usuais sobre o tema, tipicamente de Economia Aplicada, a disciplina tinha como objetivo criar teorias ou paradigmas aplicáveis ao caso específico das economias subdesenvolvidas.

4 P. Krugman, Development, Geography and Economic Theory, Londres, MIT Press, 1995.

5 H. J. Chang, Kicking Away the Ladder, Londres, Anthem Press, 2002.

6 Idem, p. 135.

7 No caso do Brasil, a Inglaterra impôs ao país, durante praticamente toda a metade do século XIX, a tarifa aduaneira máxima de 15% sobre as importações.

8 A. K. Dutt e J. Ros, Development Economics and Structuralist Macroeconomics, Northampton, Edward Elgar, 2003, p. 7.

9 Idem, p. 8.

10 R. Bielschowsky e C. Mussi (orgs.), Políticas para a retomada do crescimento. Brasília, IPEA, 2002.

11 Idem, p. 34.

12 Idem, ibidem.

13 P. Krugman, "Toward a Counter-Counterrevolution in Development Theory", em Proceedings of de World Bank Annual Conference on Development Economics 1992, Washington, World Bank, 1992.

14 S. Rocha e R. C. Albuquerque, "A questão do emprego: mais ocupação e renda com justiça social", em J. P. R. Velloso (org.), Projeto de Brasil: opções de país, opções de desenvolvimento, Rio de Janeiro, José Olympio, 2006.

15 Banco Mundial, The Growth Report, Strategy for Sustained Growth and Inclusive Development Comission on Growth and Development, Washington, Banco Mundial, 2008.

16 Idem, p. 1.

CONTRIBUIÇÕES DA ECONOMIA DO DESENVOLVIMENTO TRADICIONAL

O objetivo deste capítulo é mostrar como a economia do desenvolvimento tradicional oferece contribuições importantes para a definição de um paradigma que leve em conta a especificidade do crescimento retardatário. Seus escritos principais datam do período que vai dos meados dos anos 1950 a fins dos 60. Os autores mais importantes e a data de suas contribuições mais relevantes são os seguintes:

Autor	Ano
Lewis	1958
Fei e Ranis	1964 e 1966
Hirschman	1959
Eckaus	1955
Leibenstein	1957
Myrdal	1970
Nurkse	1964
Rosenstein-Rodan	1964

Cumpre notar que a economia do desenvolvimento, diferentemente da escola histórica alemã e da corrente institucionalista americana, não se propunha a substituir o paradigma neoclássico, mas, simplesmente, torná-lo aplicável ao crescimento retardatário. Pelo que devia ser considerada ramo da *mainstream economics*. Conforme, aliás, comprova o fato de dois dos seus autores terem recebido o Prêmio Nobel de Economia (A. Lewis e G. Myrdal).

A concepção básica da economia do desenvolvimento é que os paradigmas de uso corrente, gerados com base na experiência de crescimento dos países de economia madura, não têm aplicabilidade aos subdesenvolvidos. São inumeráveis as manifestações nesse sentido. Recapitulemos algumas delas.

Em trabalho publicado originalmente em 1963 e de grande repercussão à época, Seers[1] sustenta que os países desenvolvidos constituem "caso especial", o que impede a transferência para o resto do mundo de análises e receitas baseadas em sua experiência. Segundo o autor, essa transferência equivaleria a utilizar, para gatos e cachorros, os conselhos de um livro bem-sucedido de veterinária para o "caso especial" dos cavalos. O teórico condena ainda a utilização de livros de textos produzidos em regiões desenvolvidas para treinamento de economistas de países subdesenvolvidos, põe em dúvida a eficácia para os subdesenvolvidos do aprendizado obtido em universidades de países industrializados e, finalmente, coloca restrições às vantagens de consultorias internacionais.

Higgins[2] considera a análise marginal inaplicável às economias atrasadas, sobretudo quando o crescimento populacional e o progresso técnico são levados em conta. Nesses casos, as conclusões poderiam ser diametralmente opostas às sugeridas pela teoria ortodoxa do equilíbrio.

Hirschman[3] afirma que as teorias disponíveis explicam adequadamente os processos dinâmicos dos países plenamente desenvolvidos, o que faz alguns autores acreditarem que sua aplicação aos menos desenvolvidos proporcione "economias externas". Segundo o estudioso, pelo seu alto grau de abstração, essas teorias parecem, de fato, neutras. Na realidade, porém, são válidas apenas para o contexto com base no qual foram concebidas. Quanto melhores forem para ele, menos válidas serão para situações completamente diferentes. Hirschman denuncia, especificamente, as tentativas de aplicar aos subdesenvolvidos as análises keynesianas de recessão e desemprego.

Myint[4] assinala que as análises geradas nos desenvolvidos têm como objetivo indicar os meios e modos de otimizar os recursos disponíveis, de manter o pleno emprego e de evitar a estagnação secular. Ora, os problemas dos subdesenvolvidos são muito diferentes. As teorizações disponíveis não são, portanto, nem verdadeiras, nem falsas, mas simplesmente irrelevantes. Reconhece, assim, a existência de uma lacuna a ser preenchida.

Leibenstein[5] salienta igualmente a existência dessa lacuna. Não quer, todavia, um paradigma específico para os subdesenvolvidos. Reivindica uma teoria que abranja tanto estes quanto os desenvolvidos. Não discorda, portanto, da necessidade de um novo paradigma. Apresenta somente uma opção quanto à sua abrangência.

As posições de Lewis[6] e Ranis[7] são mais radicais. O primeiro nega expressamente que os paradigmas keynesiano e neoclássico sejam aplicáveis às economias atrasadas. O segundo considera utilizável apenas o modelo Harrod-Domar, tido como ultrapassado e, consequentemente, abandonado pela *mainstream economics.*

Fei e Ranis seguem na mesma linha ao afirmarem, em trabalho que se tornou um clássico na matéria: "É objetivo deste livro apresentar uma teoria do desenvolvimento relevante para a economia subdesenvolvida típica, com excedentes de mão-de-obra, e extrair dela algumas conclusões de política econômica."[8]

Por fim, Myrdal[9] reconhece indiretamente o problema ao se preocupar com o fato de a literatura referente às economias retardatárias originar-se, fundamentalmente, nos países de economia madura. Acha importante a criação de centro de pesquisa nos subdesenvolvidos e confere aos economistas desses países a corresponsabilidade pela criação dos paradigmas requeridos. Ao receber o Prêmio Nobel de Economia, em 1975, reitera sua preocupação com o uso de teorizações inapropriadas.

O importante, no nosso ponto de vista, é que esses autores não só declararam inaplicáveis aos subdesenvolvidos as teorizações disponíveis como assumiram a responsabilidade de criar paradigmas específicos para o processo de desenvolvimento. Nas linhas a seguir, recapitularemos suas contribuições para a economia do desenvolvimento. Não se trata, obviamente, de examinar toda a extensa literatura sobre o crescimento retardatário, mas apenas de resumir algumas teses que consideramos fundamentais para explicitar a diferença entre este e o crescimento clássico (ou seja, dos atuais países de economia madura), servindo de base a aprofundamentos que devem ser levados adiante pelo desenvolvimentismo keynesiano.

Os aspectos considerados serão os referentes ao papel do Estado no desenvolvimento econômico, à oferta ilimitada de mão-de-obra nos subdesenvolvidos, à característica dual ou dualista do seu desenvolvimento e aos problemas decorrentes da pequena dimensão dos mercados dos países subdesenvolvidos.

PAPEL DO ESTADO

Para bem descrever a posição da economia do desenvolvimento com relação ao papel do governo, deve-se começar recapitulando a concepção da *mainstream economics* sobre o tema. Segundo ela, não existiam países subdesenvolvidos, somente países que ainda não haviam tido tempo suficiente para atingir os padrões de vida do Primeiro Mundo ou que, por adotarem políticas econômicas erradas, estavam impedindo que tal acontecesse.

Segundo ela, existiam mecanismos de mercado capazes de determinar o desaparecimento da pobreza em escala planetária. Os países ricos se caracterizariam pela abundância de capital, achando-se os pobres no extremo oposto. A abundância de capital determinaria baixas taxas de juros e lucros nos primeiros, e a escassez de capital ocasionaria taxas elevadas de lucros e juros nos segundos. O mecanismo de preços em livre funcionamento acabaria por levar à transferência de capital dos desenvolvidos para as economias atrasadas, processo que persistiria até a completa igualização das taxas de juros e lucros em todo o mundo. A igualdade dessas taxas significaria um mesmo nível de desenvolvimento. A eliminação do atraso econômico seria, assim, simples questão de tempo ou do abandono de políticas econômicas equivocadas. Ora, a essência da economia do desenvolvimento se acha exatamente no reconhecimento da inexistência ou insuficiência dos mecanismos de mercado no que concerne à eliminação do atraso econômico, o que tem como corolário básico a necessidade de intervenção do Estado para resolver o problema do subdesenvolvimento.

A economia do desenvolvimento não nega a importância do mecanismo de preços nem pretende, nas políticas de desenvolvimento, substituir o mercado pelo governo. Sua posição é bem resumida em uma frase frequentemente citada de Arthur Lewis, a propósito das políticas de desenvolvimento: "Governos podem falhar, ou porque fazem muito pouco, ou porque fazem demais."[10] Ou seja, não se trata de substituir o mercado, mas simplesmente de corrigir suas deficiências no que se refere ao objetivo de eliminar o atraso econômico.

Conforme se verá na análise abaixo, a descrição ou justificação dos deveres do governo em políticas de crescimento jamais representou papel central nas publicações da economia do desenvolvimento. Seus estudos e pesquisas se concentraram em formulações teóricas que descreviam as características específicas do crescimento retardatário, deixando para a Economia Aplicada a definição de políticas econômicas baseadas em suas conclusões.

Ou seja, a economia do desenvolvimento não se preocupou em especificar a ação do Estado na economia. Sua própria existência atesta, todavia, a incapacidade de o mecanismo de preços garantir a eliminação do atraso econômico, donde a necessidade de que seja complementado pela ação do poder público.

OFERTA ILIMITADA DE MÃO-DE-OBRA

A tese da superabundância de mão-de-obra em economias subdesenvolvidas foi originalmente proposta por Lewis no trabalho *Economic development with unlimited supplies of labour*,[11] que lhe proporcionou o Prêmio Nobel e originou contribuições posteriores sobre a especificidade do crescimento retardatário.

Segundo Lewis, todos os economistas clássicos, de Adam Smith a Marx, defenderam a tese da existência de oferta ilimitada de trabalho. Eles se dedicaram, igualmente, à análise do crescimento econômico e da distribuição de renda. Os autores que os sucederam deixaram, todavia, de se preocupar com esses dois temas, bem como abandonaram o pressuposto de oferta ilimitada de mão-de-obra. E continua:

> Essa mudança de pressupostos e do interesse [pelo crescimento econômico] serviu bem nos lugares na Europa onde o trabalho era de fato de oferta limitada e, durante meio século seguinte, podia-se supor que o crescimento econômico era automático. Por outro lado, na maior parte da Ásia, a oferta de trabalho era ilimitada.[12]

Lewis mostra que, segundo Keynes, o limite real para a expansão do PIB não é dado pelos recursos físicos, mas pela oferta limitada de trabalho, e que a expansão secular não se vê obstaculizada pela falta de poupanças, mas pelo excesso. Segundo ele, no mundo teórico estudado pelos economistas da escola clássica, existia excesso de trabalho. No mundo considerado pelos neoclássicos, o trabalho é escasso em todos os países. No mundo real, contudo, os países que atingiram a situação de escassez de trabalho (desenvolvidos) acham-se cercados por outros em que este é superabundante (subdesenvolvidos). A escassez ou abundância de mão-de-obra constitui, portanto, a diferença fundamental entre desenvolvidos e subdesenvolvidos.

Fei e Ranis[13] oferecem explicação para essa redundância de trabalhadores através da aritmética. Definem uma Razão de Utilização (TU) que seria dada pela quantidade de trabalhadores suscetíveis de serem utilizados por unidade de terra e um Fator de Disponibilidade (TD), dado pela existência de terras. Outro Fator (LD) mede a disponibilidade de trabalhadores. Os Trabalhadores Redundantes (LR) seriam calculados pela fórmula LR = LD – (TU.TD).

Um exemplo simples ajudará a compreender a questão. Suponhamos:

LD = 100.000
TU = 100
TD = 500

Sendo LR = LD – (TU.TD), temos:
50.000 = 100.000 – (100.500)

Ou seja, em região com 100 mil trabalhadores (LD), com 500 unidades de terra (TD) e cujas técnicas agrícolas permitem o emprego de 100 (TU) trabalhadores por unidade de terra, o excedente total (LR) será de 50 mil trabalhadores.

Ponto de fundamental importância em economias com oferta ilimitada de trabalho consiste em explicar a remuneração aos trabalhadores de produtividade zero (caso dos 50 mil trabalhadores do exemplo anterior, que não dispõem de terra para cultivar), pelo menos no nível de subsistência e feita em moeda ou espécie. As explanações propostas foram de dois tipos: uma institucional e outra econômica.

Do ponto de vista institucional, vamos encontrar, em primeiro lugar, a sugestão de Nurkse,[14] segundo a qual a causa da aparente anomalia estaria na propriedade familiar. O agricultor, por motivos éticos ou culturais, aceitava como trabalhadores em suas terras filhos e parentes, mesmo que estes em nada contribuíssem para o aumento da produção. Fei e Ranis[15] afirmam, além disso, que o sistema de arrendamento ou o consenso social poderiam igualmente explicar essa anomalia. Ou seja, os usos e costumes obrigariam proprietários a absorverem, de uma forma ou de outra, a totalidade dos trabalhadores a eles ligados.

Leibenstein[16] oferece explicação algo complexa – mas dentro de estrita racionalidade econômica – para o pagamento de salários acima da produtividade marginal do trabalho e para a existência de pleno emprego apesar da redundância de mão-de-obra.

Começa por distinguir entre o número de trabalhadores empregados e o de horas trabalhadas. A diferença resulta de que, com maiores salários (que melhoram as condições físicas dos trabalhadores), maior número de horas é oferecido (ou um mesmo número, mas com maior dispêndio de esforço). Ora, o lucro do empregador se eleva com a quantidade de horas trabalhadas.

Sucede que nas economias duais, típicas, como se verá, dos países subdesenvolvidos, o salário normal ao nível de subsistência resulta em oferta de horas de trabalho inferior à demanda. Isso significa lucros efetivos inferiores aos potenciais. Para aumentar a oferta de horas de trabalho, os empregadores têm, portanto, interesse em elevar salários. Acontece que, após esse aumento, se persistirem margens de desemprego, a pressão da concorrência fará os salários retornarem ao nível de subsistência, com a volta da situação insatisfatória inicial. Para evitar que isso aconteça, os empregadores devem oferecer salário que assegure a oferta requerida de horas de trabalho e garantir, ao mesmo tempo, o pleno emprego. Ou seja, absorverão toda a mão-de-obra redundante, pagando salários acima da sua produtividade marginal.

Em suma, Leibenstein dispensa causas institucionais e propõe uma explicação dentro de estrita racionalidade econômica e do objetivo de maximização de lucros. Nem por isso, contudo, recupera a validade do paradigma neoclássico, dado que são pagos salários acima da produtividade marginal do trabalhador.

Corolário importante da superabundância de trabalho é a consideração da disponibilidade de capital como limite superior ao crescimento do PIB.

Uma contrapartida dos excedentes de trabalho é a escassez de capital. Lewis indaga se o trabalho não pode ser diretamente utilizado para produzir capital. Segundo ele, certas obras de infraestrutura podem ser construídas com pequeníssima quantidade de equipamento. Todavia, a produção de bens de consumo, objetivo último de qualquer política de desenvolvimento, depende do uso de capital. Este permanece, portanto, o fator efetivamente escasso.

A disponibilidade de capital como limite superior ao aumento do PIB nos subdesenvolvidos foi também sustentada por Ranis ao afirmar:

> Enquanto num contexto de abundância de capital (como nos países desenvolvidos) o estrangulamento resulta das oportunidades declinantes de investimento, é patente que nas áreas menos desenvolvidas esse papel é desempenhado pela escassez de capital. Todo incremento de fundos de poupança tem aplicação mais do que assegurada. Ele é, de fato, cortejado assiduamente e disputado pela pletora de oportunidades de investimento. Nesse contexto, as inovações podem ser tiradas da formidável prateleira tecnológica – proporcionada principalmente pelo exterior – tão rapidamente quanto a acumulação de capital torna a referida aplicação possível.[17]

O que Ranis está dizendo, em última análise, é que nos subdesenvolvidos, existindo pleno emprego, o crescimento do PIB depende de inovações que, ao permitirem mais acumulação de capital por trabalhador, criam novas oportunidades de investimento. Nos subdesenvolvidos, que têm a sua disposição grande massa de inovações ainda não utilizada, o limite superior ao crescimento do PIB é a disponibilidade de capital.

Ele confirma essa percepção ao declarar a aplicabilidade nos subdesenvolvidos do modelo Harrod-Domar, em que a contribuição do fator trabalho é ignorada, dependendo o crescimento exclusivamente da capacidade de poupança do país. Lewis sintetiza essa posição ao afirmar que a condição básica do sucesso das políticas de desenvolvimento é a elevação da taxa (líquida) de poupanças sobre o PIB de 5% para percentagem superior a 10%.

Aspecto de grande importância se acha no fato de que os defensores da existência da oferta ilimitada de trabalho afirmem frequentemente que o problema só existe em países superpovoados, como os da Ásia. Lewis declara expressamente que essa oferta ilimitada não existe na América Latina, onde a abundância de terras agricultáveis permite que toda a mão-de-obra seja aproveitada e remunerada de acordo com sua produtividade marginal.

Todavia, essa posição representou somente o primeiro momento das pesquisas sobre o tema, quando tudo girava em torno da escassez da terra como fator de produção, relativamente à disponibilidade de trabalho. Foi por conta disso que os países superpovoados passaram a ser considerados o caso mais grave de subdesenvolvimento, dado que a dificuldade básica se achava na insuficiente disponibilidade de terra agricultável, fator de produção de difícil ou impossível aumento. Pode-se demonstrar, no entanto, que a oferta ilimitada de trabalho existe tanto em subpovoados quanto em superpovoados, sendo uma característica geral da própria situação de subdesenvolvimento.

Higgins[18] oferece a seguinte explicação para a superabundância de mão-de-obra nos países subdesenvolvidos, sejam subpovoados ou superpovoados. De acordo com ele, o fenômeno tem origem no início do processo de desenvolvimento nas economias retardatárias. A elevação dos padrões de vida e as benesses da medicina moderna vão provocar queda da mortalidade, com o consequente crescimento demográfico. No entanto, contrariamente ao sucedido na Europa e no Novo Mundo, o declínio da mortalidade não foi acompanhado nos subdesenvolvidos, em prazo relativamente curto, pela baixa da natalidade. Ocorreu, assim, um incremento populacional explosivo. A indústria que se implantava tinha técnicas altamente poupadoras de mão-de-obra, não sendo, portanto, capaz de absorver a crescente oferta de trabalho. Os trabalhadores excedentes só podiam ir para a agricultura, que, por registrar alta flexibilidade na combinação de fatores, se revelara capaz de absorvê-los.

Higgins reconhece que a situação poderia ser aliviada por maior soma de investimentos na indústria, o que compensaria o predomínio de técnicas poupadoras de trabalho. Não havia, contudo, disponibilidade de poupanças para tanto. Da mesma forma, se poderia pensar em investimentos nas terras existentes que aumentassem sua capacidade de absorver mão-de-obra. O baixo custo do fator trabalho, resultante de sua redundância, desencorajava, também, essa solução.

O importante para nossa análise é que esse tipo de evolução descrito por Higgins vale para todos os subdesenvolvidos, gerando em todos eles, superpovoados e subpovoados, a condição de oferta ilimitada de mão-de-obra a que Lewis se refere.

Nesse sentido, a posição de Furtado[19] é também significativa. Embora tome como base a situação do Brasil, país tipicamente subpovoado, encontra meios para justificar a existência nele de excedente de mão-de-obra. Afirma que existia no país oferta elástica de trabalho, pois no terceiro quartel do século XIX (expansão cafeeira) aproveitou-se a mão-de-obra semiutilizada da região mineira; no primeiro quartel do século seguinte, contou-se com a imigração europeia; e, nos anos 1920-40 desse século, foram aproveitados os excedentes de Minas Gerais e do Nordeste.

Na verdade, porém, a comprovação final da existência de excedentes de trabalho virá da análise de Eckaus.[20] Segundo ele, a situação resulta do desajustamento entre a realidade dos subdesenvolvidos, países com abundância de trabalho e escassez de capital, e as tecnologias *labour saving* (ou *capital using*) por eles utilizada.

Um exemplo simples ajudará a compreender o problema. Suponhamos que essa tecnologia determine combinações de capital e trabalho na proporção de quatro unidades de capital por uma de trabalho. Essas combinações constituem o resultado de inovações surgidas em países desenvolvidos, onde as disponibilidades de capital são elevadas e a mão-de-obra, escassa.

Em país subdesenvolvido típico, onde a situação é inversa, teríamos, por exemplo, disponibilidade efetiva de 1 milhão de unidades de capital para 1 milhão de unidades de trabalho, ou seja, 1 de capital por 1 de trabalho, relação muito diferente da exigida pela moderna tecnologia. Por imposição desta, os subdesenvolvidos devem investir quatro unidades de capital para dar emprego a uma unidade de trabalho. Nesse caso, apenas 250 mil trabalhadores poderão ser empregados, ficando os 750 mil restantes em situação de desemprego. Ou seja, o milhão de unidades disponíveis de capital seria suficiente para empregar somente um quarto dos trabalhadores disponíveis, permanecendo os restantes inativos, em situação de subemprego ou de desemprego disfarçado.

A análise de Eckaus desqualifica a tese de que a oferta ilimitada de trabalho ocorre somente em países superpovoados. O descompasso entre a relação capital/trabalho, determinada pela tecnologia moderna, e a disponibilidade efetiva desses fatores de produção existe não apenas nos superpovoados, mas nos subpovoados também. A falta de percepção desse fato, na fase inicial da economia do desenvolvimento, resultou basicamente de as análises terem se concentrado em países asiáticos, onde a escassez de terras agricultáveis gera, por si só, grandes excedentes de mão-de-obra. Observe-se que, no exemplo aritmético proposto por Ranis e examinado anteriormente, se em vez de apenas terra (que constitui, em última análise, modalidade de capital) se levasse em conta também o capital, no sentido de máquinas e equipamentos, se perceberia, imediatamente, existir o problema da oferta ilimitada de trabalho em todos os países subdesenvolvidos.

DUALISMO NO CRESCIMENTO RETARDATÁRIO

O reconhecimento do caráter dualista do crescimento retardatário sempre foi uma constante na literatura sobre o desenvolvimento. Os países subdesenvolvidos, ao se lançarem em políticas de eliminação do atraso econômico, criaram um setor moderno radicalmente diferente daquele com que contavam antes. Essa diferença perduraria até o momento em que toda a economia fosse incorporada à divisão mais nova.

O dualismo não foi considerado apenas em seu aspecto econômico, mas mereceu diferentes enfoques nas análises sobre os países subdesenvolvidos. Nas linhas a seguir, antes de considerarmos a contribuição de Eckaus, fundamental para o exame do crescimento retardatário, recapitularemos outras interpretações para mostrar a relevância concedida ao dualismo nos estudos sobre desenvolvimento econômico.

O primeiro enfoque, de reduzido sucesso, foi o cultural. Segundo Boeke,[21] uma das marcas essenciais de qualquer sociedade é o espírito ou estilo social, definido como o conjunto de usos, costumes, concepções filosóficas e religiosas, relações sociais etc. que a caracterizam. Uma sociedade é homogênea quando dominada por um único estilo. Quando há dois ou mais deles, claramente distintos, e cada um domina uma parcela da sociedade, pode-se dizer que estamos diante de uma sociedade dual.

Para Boeke, nos países subdesenvolvidos existia inicialmente um estilo social determinado por culturas pouco adaptadas ao crescimento moderno (*modern economic growth*) do tipo descrito por Kuznets.[22] Surge, então, estilo importado de países capitalistas, que entra em conflito com o tradicional. O sucesso de políticas de desenvolvimento depende, segundo o analista, de que o novo estilo se difunda, dominando substancialmente a sociedade.

Nessa formulação, o problema central do desenvolvimento encontra-se no choque cultural. É, portanto, mais sociológico do que econômico. A análise demonstra inclusive grande ceticismo com relação às chances de sucesso das políticas de desenvolvimento.

O segundo enfoque do dualismo é de caráter essencialmente geográfico. Tem como base a formação de "enclaves", ou seja, de ilhas de modernização implantadas nos países subdesenvolvidos e que pouco ou nada se entrosavam com as economias locais, em função de se orientarem quase completamente para o exterior. O International Labour Office[23] resume de forma precisa e sintética as causas do surgimento de uma economia dualista do tipo enclave.

Em primeiro lugar, a taxa de acumulação ou de capitalização do setor moderno é inferior à taxa de incremento populacional. O capital é de origem externa e seus dividendos são levados de volta ao país de origem. Em consequência, a acumulação se faz em ritmo insuficiente para que o setor moderno abranja parcelas crescentes da população.

Em segundo lugar, a demanda gerada no setor moderno não aumenta significativamente o mercado para os produtos do setor tradicional. Ela é atendida essencialmente por importações, o pessoal técnico vem do exterior etc. Em terceiro e último lugar, a tecnologia utilizada é tipicamente *labour saving*, já que o investidor prefere não incorrer nos riscos e gastos do treinamento da mão-de-obra local.

A constituição de "enclaves" é, indubitavelmente, fator significativo em certa modalidade de dualismo. Na verdade, porém, esse tipo de economia, voltada inteiramente para o exterior, só teve grande importância nos regimes coloniais e em setores específicos de países em desenvolvimento, sobretudo quando orientados para a exploração de recursos naturais escassos (mineração, exploração petrolífera e certos tipos de agricultura).

Com o sucesso dos programas de desenvolvimento baseados no modelo de substituição de importações, os enclaves foram absorvidos pela economia local, desaparecendo os mecanismos que pareciam assegurar sua perpetuação.

A terceira vertente dos estudos sobre o dualismo econômico é de caráter histórico e, no caso brasileiro, temos a contribuição de Rangel.[24] Ele intitula seu trabalho de *O dualismo básico da economia brasileira*. O enfoque analítico é marxista e de caráter histórico-descritivo. Para ele, a economia brasileira é regida por duas ordens do que chama de leis tendenciais: uma opera nas relações internas de produção e a outra, nas relações externas. A evolução da economia brasileira proposta por Rangel é a seguinte:

a) escravismo no polo interno e capitalismo mercantil no externo. Fase inaugurada pela abertura dos portos em 1808;
b) latifúndio feudal no polo interno e capitalismo mercantil no externo. Fase inaugurada com a libertação dos escravos;

c) capitalismo industrial no polo interno e, no externo, controle pelo Estado do comércio exterior. Situação desencadeada pela Grande Depressão dos anos 30.

Outra contribuição brasileira é a de Simonsen[25] em *Salários, dualismo e desemprego estrutural*. Seu enfoque é setorial. Segundo ele, o dualismo econômico é tipificado pelas características diferenciadas dos setores rural e urbano, a saber:

a) contraste entre os dois setores no que se refere a produtividade e tecnologia;
b) contraste de salários;
c) contraste de aspirações;
d) contraste de poder político dos assalariados;
e) contraste da proteção institucional dos trabalhadores;
f) contraste intraurbano (migrantes não acham emprego);
g) contraste nas prioridades do governo (que se interessa mais pelos problemas urbanos);
h) os benefícios do desenvolvimento ficam nas cidades.

Considera como mecanismo básico do dualismo a grande diferença entre os salários urbanos e rurais. Os altos salários urbanos encarecem os produtos industriais, reduzindo sua demanda e encorajando a adoção de tecnologia poupadora de mão-de-obra. Ambos os resultados atrasam a absorção da mão-de-obra pela indústria, consolidando o dualismo.

A contribuição central – e única de fato relevante – para a montagem de um paradigma de aplicabilidade geral nos subdesenvolvidos é de autoria de Eckaus[26] e usualmente referida como dualismo tecnológico.

Eckaus se baseia nas análises de Lewis, Ranis e Fel referentes à oferta ilimitada de mão-de-obra. Começa dizendo que se preocupa com o problema de países subdesenvolvidos que têm populações rurais de tais dimensões as quais determinam desemprego persistente e produtividade tão baixa que se torna possível retirar parte significativa da força de trabalho para outros setores, sem que ocorra queda importante na produção. Para ele, a causa do fenômeno se acha no descompasso entre as disponibilidades de fatores produtivos e a combinação destes imposta pela moderna tecnologia.

Conforme mostramos anteriormente, esse descompasso entre a combinação capital/trabalho, tecnologicamente necessária, e a disponibilidade efetiva desses dois fatores nos subdesenvolvidos fazem com que a totalidade do capital disponível permita equipar somente parcela limitada da mão-de-obra.

Eckaus mostra que, embora a tecnologia importada pelos subdesenvolvidos seja sempre *labour saving*, existe em cada setor a possibilidade de se optar por técnicas que exijam mais trabalho e menos capital. Isso, todavia, apenas minora o problema, dado que a tecnologia moderna, gerada nos países desenvolvidos, leva obrigatoriamente em conta a abundância de capital e a escassez de trabalho existentes nesses países. O que a torna necessariamente desajustada às condições dos subdesenvolvidos.

A consequência desse desajustamento é que nos países subdesenvolvidos surge um setor moderno, de alta tecnologia, e elevados padrões de vida, ao lado de outro, tradicional, de baixo padrão de vida e tecnologia elementar. Nas políticas de desenvolvimento bem-sucedidas, as economias retardatárias conseguem mobilizar poupanças acima do necessário para manter atualizado o setor moderno. As poupanças remanescentes são utilizadas para incorporar novos segmentos da economia nesse setor. É o chamado crescimento dual, típico das economias subdesenvolvidas, em que convivem um setor moderno e outro tradicional, até que o sucesso da política de desenvolvimento leve à absorção da totalidade da economia no setor moderno.

PROBLEMA DO MERCADO NO CRESCIMENTO RETARDATÁRIO

A terceira contribuição significativa da economia do desenvolvimento para a análise do crescimento retardatário refere-se à importância da disponibilidade de mercado. Nesse caso, as contribuições relevantes foram de

Rosenstein-Rodan, Nurkse e Hirschman. Na análise dos dois primeiros, as externalidades têm papel fundamental. Pelo que o significado destas deve desde logo ser explicitado.

Young,[27] analisando investimento na construção de um trem subterrâneo (metrô) em cidade inglesa vai comprovar a viabilidade econômica do projeto através das externalidades por ele criadas. Os estudos iniciais haviam concluído pela inviabilidade econômica do empreendimento, dado sua rentabilidade não compensar os investimentos previstos. Young contesta essa conclusão mostrando que a construção da linha subterrânea criava importantes externalidades sob a forma de valorização dos terrenos vizinhos. O investimento se justificaria se essas externalidades fossem incorporadas ao projeto, através, por exemplo, da desapropriação desses terrenos pelo valor original e sua venda pelo preço resultante de sua valorização. Ou, mais simplesmente, pela cobrança de uma contribuição de melhoria que transferisse para o governo os ganhos da valorização.

Rosenstein-Rodan,[28] analisando o problema da industrialização do oeste e do sudoeste da Europa, vai aproveitar essa linha analítica para contornar o problema decorrente do pequeno mercado dos países da região. Segundo ele, caso se planejasse criar uma grande fábrica de sapatos, empregando dois mil trabalhadores, o empreendimento só seria viável se estes utilizassem a totalidade dos seus salários para a compra de calçados, o que, obviamente, não acontece. A solução seria internalizar as economias externas resultantes do empreendimento. Em suas palavras:

> Se em vez disso [ou seja, da montagem de fábrica de sapatos] um milhão de trabalhadores desempregados fossem retirados da terra e colocados não em uma indústria, mas em toda uma série de indústrias produzindo a maioria dos bens que os trabalhadores compram com seus salários, o que não é verdade no caso de uma fábrica de sapatos se tornaria verdadeiro no caso de um sistema de indústrias: este criaria seu próprio mercado adicional.[29]

Propõe, então, que se internalizem as externalidades de mercado, representadas pela compra por trabalhadores da fábrica de sapatos de bens produzidos em outras empresas. Essa proposta ficou conhecida como a teoria do *big push*. Buscava resolver o problema da insuficiência do mercado através de um conjunto integrado de investimentos que se proporcionassem mutuamente mercado.

Nurkse[30] coloca o problema em função do apoio suscetível de ser dado às economias retardatárias pelo investimento estrangeiro. Sua análise é levada adiante com base na argumentação neoclássica. Como o capital é raro nos subdesenvolvidos, argumenta, sua lucratividade é elevada. Nas economias maduras acontece exatamente o oposto. Donde a simples ação dos mecanismos de mercado ser, em princípio, suficiente para determinar o deslocamento dos capitais das primeiras para as segundas. Porém, como o mercado é pequeno nas economias retardatárias, isso pode não acontecer. A solução seria montar um bloco de investimentos mutuamente complementares, em vez do financiamento estrangeiro isolado. A proposta obedece, portanto, à mesma linha de raciocínio utilizada por Rosenstein-Rodan.

Hirschman[31] considera a questão do mercado de um ponto de vista diferente. Enquanto Rosenstein-Rodan e Nurkse enfocam a insuficiência do mercado como potencial obstáculo ao desenvolvimento, Hirschman identifica no mercado um forte indutor do desenvolvimento. Ao examinar o papel das ligações, para frente e para trás, comprovou que estas últimas (*backward links*), decorrentes de um investimento, podem ter efeito altamente positivo. Trata-se, no caso, do mercado criado para fornecedores de insumos, pelas novas atividades surgidas no âmbito de políticas de desenvolvimento.

O autor reforça o papel do mercado nas políticas de desenvolvimento quando se refere ao fato de as oportunidades de investimento – que sinalizam, em última análise, a disponibilidade de mercado – serem capazes de gerar poupanças. Em suas palavras: "A oferta total de poupanças é altamente influenciada pelo aparecimento de novas oportunidades de investimento [...] condição característica de muitos países subdesenvolvidos."[32] Ou ainda: "As poupanças não são de maneira alguma o único fator limitante e podem ser baixas porque os investimentos são baixos, e não vice-versa."[33] Ou seja, as poupanças se frustram se não há oportunidades de investimento. Se as últimas existem, as primeiras se elevam.

Assim, vamos encontrar em Hirschman a primeira percepção de que o mercado – e não a disponibilidade de poupanças – representa a condicionante principal do sucesso das políticas de desenvolvimento. De importância fundamental, essa visão seria aprofundada se a economia do desenvolvimento não houvesse se estiolado, fazendo com que o papel desempenhado pelo mercado no crescimento retardatário só fosse reconhecido e incorporado à análise econômica a partir do relatório do Banco Mundial, *The East Asian miracle*, de 1993. Esse aspecto será aprofundado no capítulo "Crescimento clássico e crescimento retardatário".

OUTRAS CONTRIBUIÇÕES

A par das contribuições da economia do desenvolvimento examinadas anteriormente e que enfocam aspectos fundamentais do crescimento retardatário, outras análises revelam-se importantes para o equacionamento do tema.

A primeira delas é a de Kahnert, entre outros autores,[34] cuja análise identificou um fator que amplia significativamente o problema representado pelo pequeno tamanho do mercado das economias retardatárias. Segundo eles, não basta existir, em dado setor de país subdesenvolvido, mercado suficiente para a criação de uma unidade produtiva. Isso porque o potencial investidor levaria em conta o fato de bastar o surgimento de uma só concorrente no setor para que as duas se tornassem economicamente inviáveis. Donde concluem ser indispensável ao investimento que o mercado viabilize a criação de várias unidades produtivas em cada setor.

A segunda contribuição nesse sentido é de Hirschman[35] e se refere à prioridade, nas políticas de eliminação do atraso econômico, das atividades diretamente produtivas relacionadas à infraestrutura. De acordo com ele, os investimentos em infraestrutura permitem, mas não promovem, o desenvolvimento. Sua promoção cabe aos investimentos em atividades diretamente produtivas. Defende mesmo a tese de que, em países subdesenvolvidos, os investimentos devem ser realizados mesmo na insuficiência de infraestrutura, dado que pressões sociais e políticas levarão à necessidade de criá-la posteriormente.

Cumpre finalmente assinalar a contribuição de Kuznets.[36] Analisando estatísticas sobre a distribuição de renda em países subdesenvolvidos, ele mostrou que esta se comporta como uma curva em forma de U invertido. Ou seja, há uma fase inicial de concentração de renda que, ao atingir um pico, passa em seguida a declinar. Essa evolução se acha ligada ao caráter dualista do crescimento retardatário.

Em sociedades primitivas, sem grandes disparidades de renda, o surgimento do setor moderno confere um alto padrão de vida a certa parcela da população, o que torna mais desigual a distribuição de renda. A situação se agrava durante algum tempo, até que o aumento populacional no setor mais recente a modifique (perna descendente da curva). Quando toda a população for absorvida nele, a situação inicial se recompõe.

NOTAS

1 Seers, D. As Limitações do Caso Especial, IPEA - INPES, 1988.

2 B. Higgins, Economic Development, Londres, Constable and Company, 1959.

3 A. O. Hirschman, The Strategy of Economic Development, New Haven, Yale University Press, 1959.

4 H. Myint, "Economic Theory and Underdeveloped Countries", em K. Martin e J. Knapp (orgs.), The Teaching of Development Economics, Chicago, Aldine Publishing Company, 1967.

5 H. Leibenstein, Economic Backwardness and Economic Growth, Londres, John Wiley, 1957.

6 W. A. Lewis, "Economic Development with Unlimited Supply of Labour", em A. N. Agarwala e S. P. Singh, The Economics of Underdevelopment, Glasgow, Oxford University Press, 1958.

7 G. Ranis, "Theories of Economic Growth in Capitalist Countries", em E. A. G. Robindon, Problems in Economic Development, Londres, Macmillan, 1965.

8 J. C. H. Fei e G. Ranis, Development of the Labour Surplus Economy: Theory and Policy, Homewood, Illinois, Richard Irwin, 1964, p. 7.

9 G. Myrdal, Economic Theory and Underdeveloped Countries, Londres, G. Duckworth, 1957.

10 W. A. Lewis, op. cit.

11 Idem.

[12] Idem, p. 279.

[13] J. C. H. Fei e G. Ranis, op. cit.

[14] R. Nurkse, "Excess Population and Capital Construction", em G. M. Meier, Leading Issues in Development Economics, New York, Oxford University Press, 1964.

[15] J. C. H. Fei e G. Ranis, op. cit.

[16] H. Leibenstein, op. cit.

[17] G. Ranis, op. cit., p. 17.

[18] B. Higgins, op. cit.

[19] C. Furtado, Teoria política do desenvolvimento econômico, São Paulo, Editora Nacional, 1967.

[20] R. S. Eckaus, "The Factor Proportion Problem in Underdeveloped Countries", em A. N. Argawala e S. P. Singh (orgs.), The Economics of Underdevelopment, Londres, Oxford University Press, 1958.

[21] J. H. Boeke, "Social Dualism", em G. M. Meier, Leading Issues in Development Economics, New York, Oxford University Press, 1964.

[22] S. Kuznets, Modern Economic Growth, Londres, Yale University Press, 1966.

[23] International Labour Office, "Employment Objectives in Economic Development", em G. M. Meier, Leading Issues in Development Economics, New York, Oxford University Press, 1964.

[24] I. Rangel, Dualidade básica da economia brasileira, Rio de Janeiro, Instituto Superior de Estudos Brasileiros, 1957.

[25] M. H. Simonsen, "Salários, dualismo e desemprego estrutural", em Revista Brasileira de Economia, dez. 1963.

[26] R. S. Eckaus, op. cit.

[27] A. A. Young, "Increasing Returns and Economic Progress", em Economic Journal, vol. 38, 1928.

[28] P. Rosenstein-Rodan, "Problems of Development in Eastern and South Eastern Europe", em B. Okun e R. W. Richardson (orgs.), Studies in Economic Development, New York, Holt, Rinehart and Winston, 1961.

[29] Idem, p. 127.

[30] R. Nurkse, Problemas de formación de capital en los países insuficientemente desarrollados, Cidade do México, Fondo de Cultura Económica, 1955.

[31] A. O. Hirschman, op. cit.

[32] Idem, p. 37.

[33] Idem, p. 34.

[34] F. Kahnert, et al, Economic Integration among Underdeveloped Countries, Paris, OCDE, 1969.

[35] A. O. Hirschman, op. cit.

[36] S. Kuznets, "Underdeveloped Countries and the Pre-Industrial Phase in the Advanced Countries", em A. N. Agarwala e S. P. Singh, The Economics of Underdevelopment, Londres, Oxford University Press, 1958.

CRESCIMENTO CLÁSSICO E CRESCIMENTO RETARDATÁRIO

No capítulo anterior, examinamos as características do crescimento retardatário, tal como apresentadas pela economia do desenvolvimento tradicional. No presente capítulo, a partir dessas contribuições, faremos o confronto entre as características do crescimento clássico (representado pela experiência histórica das atuais economias maduras) e do crescimento retardatário (em curso nas chamadas economias emergentes). A análise da divergência entre os dois processos servirá para demonstrar que, contrariamente ao sustentado pelo pensamento neoclássico, as diferenças entre ambos são importantes, o que torna necessária a definição de políticas de apoio ao crescimento retardatário, baseadas em paradigmas específicos.

Contudo, não faremos uma simples transposição para o momento atual das conclusões da economia do desenvolvimento tradicional, mas ajustaremos suas análises e propostas à situação presente dos países subdesenvolvidos, aprofundando-as e corrigindo-as quando isso se revelar necessário.

Como passo inicial, recapitularemos a experiência de crescimento dos atuais países desenvolvidos para mostrar o erro da aplicação indiscriminada de paradigmas gerados com base no crescimento clássico.

Durante toda a história das civilizações, as fases de crescimento econômico, com a consequente elevação dos padrões de vida das populações, sempre constituíram episódios esporádicos, logo interrompidos por longos períodos de simples manutenção dos ganhos obtidos. Nas antigas sociedades egípcia e romana, os ciclos de prosperidade determinavam uma elevação inicial dos padrões de vida, processo que não tinha continuidade por inexistirem técnicas capazes de aumentar a eficácia do trabalho humano através de investimentos em atividades produtivas. Como consequência, o acréscimo nas poupanças proporcionado pelo enriquecimento era utilizado em obras monumentais que nada ficam devendo às criadas no mundo atual.

A situação vai se modificar com a chamada Revolução Industrial de fins do século XVIII e início do século XIX. Em todo período anterior da história, o que impedia a utilização da poupança disponível para elevar a produtividade da força de trabalho – e, portanto, o padrão de vida das sociedades – era a chamada lei dos rendimento decrescentes.

Exemplifiquemos o que fica dito com a atividade de construção de estradas, de vital importância na Roma Antiga. Na fase inicial de prosperidade, era possível elevar a produtividade da mão-de-obra do setor através de melhores ferramentas, da substituição de pequenas carroças de tração humana por carros de tração animal e assim por diante. Além disso, pouco mais se podia fazer. A multiplicação de veículos e instrumentos à disposição dos trabalhadores em nada contribuiria para torná-los mais produtivos, podendo mesmo ter o efeito oposto.

Na fase histórica iniciada com a Revolução Industrial, a lei dos rendimentos decrescentes foi neutralizada pelo contínuo progresso tecnológico. Retomemos o exemplo anterior. Na sociedade moderna, depois de todas as equipes de trabalhadores terem recebido as melhores ferramentas existentes e veículos de tração animal do melhor tipo disponível, passaram a ser equipadas com britadeiras, explosivos, caminhões leves, caminhões pesados, tratores diversos e outros implementos de eficiência crescente. Sucedendo o mesmo em todos os setores da economia, os atuais países desenvolvidos passaram a registrar crescimento contínuo e sustentado do PIB.

Baseado nesses fatos, o paradigma neoclássico afirma que a forma de as economias subdesenvolvidas eliminarem seu atraso econômico é, simplesmente, repetir a experiência das atuais economias maduras, acumulando capital por trabalhador no montante permitido pela moderna tecnologia.

Até aqui, portanto, não é possível identificar qualquer diferença entre o que ocorreu entre os atuais desenvolvidos e o que se propõe fazer nas economias retardatárias. Antes de entramos diretamente no assunto, uma observação preliminar se faz necessária.

Nos estudos atuais sobre o crescimento econômico é usual se distinguir o papel representado pelos investimentos e pela produtividade total dos fatores (PTF) no aumento do PIB. A contribuição desta última ocorre quando o PIB se eleva, sem que haja incremento dos fatores de produção. Nas análises sobre as determinantes do desenvolvimento (sobretudo no caso dos bem-sucedidos países do leste da Ásia), ocorreram grandes debates sobre as contribuições respectivas do aumento do capital e da elevação da PTF, não se concedendo maior importância a esta última. Com respeito a esse aspecto, o que se pode dizer é o que segue.

O crescimento econômico pós-Revolução Industrial decorreu da constate elevação do capital por trabalhador. A diferença entre os atuais países desenvolvidos e os subdesenvolvidos resultou fundamentalmente do fato de os primeiros registrarem uma relação capital/trabalhador que transcende em muito a dos segundos e, grosseiramente, pode ser medida pelo hiato entre suas rendas *per capita*. Pelo que se pode dizer que a relação capital físico e capital humano entre o Brasil e os Estados Unidos é de cerca de um para sete.

Tomar a elevação da PTF como base da política de eliminação do atraso econômico brasileiro significa afirmar que poderíamos atingir o estágio de desenvolvimento norte-americano com nosso atual nível de capitalização, o que é claramente absurdo. Na prática, portanto, o objetivo central das políticas de desenvolvimento é elevar o capital por trabalhador no ritmo necessário para eliminar a diferença em relação aos países desenvolvidos.[1] O que explica o fato de os especialistas em políticas de desenvolvimento deixarem de lado a PTF em suas análises, embora reconheçam que, da perspectiva de longo prazo, a total extinção do atraso econômico depende de a PTF dos subdesenvolvidos atingir os mais elevados níveis internacionais. Diante disso, e considerando que a literatura especializada tende a priorizar, como instrumento básico para o desenvolvimento, o aumento do capital, levaremos em conta somente este na análise a seguir.[2]

Voltemos ao nosso tema. Vimos na análise do crescimento clássico que a assimetria entre o que ocorre hoje no mundo e o que se observou no passado resulta do surgimento de tecnologia que permitiu uma constante acumulação do capital por trabalhador. O avanço tecnológico desempenha, portanto, papel fundamental no crescimento econômico. Os primeiros desequilíbrios importantes entre o crescimento retardatário e o clássico surgem justamente em função dele. Isso porque os países desenvolvidos produzem tecnologia. Logo, seu crescimento econômico é levado adiante com base em técnicas plenamente ajustadas à sua realidade, o que não acontece no crescimento retardatário.

Por outro lado, a moderna tecnologia é fundamentalmente *labour saving* e sua utilização não raro exige unidades produtivas de grande porte. Já nos subdesenvolvidos, a mão-de-obra é superabundante; o capital, escasso e os mercados à sua disposição, pequenos.

Ressaltemos ainda um terceiro ponto: o mercado não desempenha qualquer papel no crescimento clássico (ou, pelo menos, nas teorias que o analisam), mas é fundamental no retardatário.

A seguir, mostraremos que as diferenças entre os crescimentos clássico e retardatário decorrem, fundamentalmente, desses três fatores. Faremos a comparação entre os dois tipos de crescimento de forma sistemática com base no observado no capítulo anterior. A análise continuará a ser fundamentalmente teórica, deixando-se para examinar seus corolários no que diz respeito a políticas econômicas nos capítulos seguintes.

Começaremos por investigar o papel do governo nos dois tipos de crescimento. Mostraremos em seguida que, como consequência dos dois desajustamentos tecnológicos e da dessemelhança do papel desempenhado pelo mercado, (a) o crescimento clássico é unitário e o retardatário, dual; (b) enquanto o primeiro é levado adiante em condições de escassez de trabalho, o segundo é marcado pela superabundância desse fator de produção; e (c) se o mercado não tem papel relevante nas teorizações sobre o crescimento clássico, ele é fundamental no crescimento retardatário.

CRESCIMENTO COM E SEM INTERVENÇÃO DO ESTADO

Nos países desenvolvidos, onde inexistem distorções tecnológicas do tipo referido antes, o mecanismo de preços funciona adequadamente, sendo a intervenção do Estado ocasional e limitada. O paradigma neoclássico é direta e imediatamente aplicável ao seu caso. Ou seja, é acertado aceitar a "mão invisível" de Adam Smith como garantidora dos melhores resultados econômicos. A única exceção relevante e, ainda assim, estritamente de curto prazo é a proposta por Keynes sobre a ação do Estado como forma de corrigir situações recessivas.[3]

Fora dessas ocasiões o comportamento correto do governo no crescimento neoclássico apresenta duas vertentes. A primeira consiste em estabelecer e fazer cumprir as regras (ou instituições)[4] do jogo econômico. A segunda é garantir os equilíbrios fundamentais da economia, a saber: cambial, fiscal e monetário. Feito isso, o simples funcionamento do mecanismo de preços garantirá o alcance do ótimo econômico. Em suma, as ações que cabem ao Estado são tipicamente de curto prazo.

No crescimento retardatário, a intervenção estatal na economia deve ser ampla, sistemática e obedecer a visão de longo prazo. A própria existência da economia do desenvolvimento resultou da percepção de que o livre funcionamento do mecanismo de preços não era suficiente para garantir a eliminação do atraso econômico. Segundo a disciplina, a oferta ilimitada de trabalho, o crescimento dual, os problemas de mercado e outros geram distorções incorrigíveis pela simples ação das forças mercadológicas. No curto prazo, que não mereceu grande atenção da economia do desenvolvimento, o papel do governo nos subdesenvolvidos também difere do representado por ele nas economias maduras.

No que se refere às regras do jogo econômico, cabe ao governo desses países não só garantir seu cumprimento, como também fazer que estejam ajustadas às necessidades do crescimento econômico.

Com respeito aos equilíbrios cambial, monetário e fiscal, a ação do Estado é sem dúvida importante, mas apresenta diferença significativa se comparada à que exerce nos desenvolvidos, onde também tem relevância: cabe ao Estado evitar o surgimento de quaisquer pressões que possam comprometê-los. Nos subdesenvolvidos, o crescimento acelerado, exigido para atender ao objetivo de eliminação do atraso econômico, torna pressões desse tipo inevitáveis. A função do governo não é impedir seu surgimento – o que poderia comprometer a política de desenvolvimento –, e sim adotar medidas para que não escapem do controle.

Particularmente com relação ao desequilíbrio monetário se torna clara a diferença entre a responsabilidade do Estado num e noutro caso. Enquanto nos desenvolvidos é normal conceder prioridade às metas de inflação, nas economias retardatárias o correto é adotar metas de desenvolvimento, complementadas por medidas que se destinem a evitar que eventuais pressões inflacionárias se transformem em inflação aberta.

CRESCIMENTO COM ESCASSEZ E COM OFERTA ILIMITADA DE MÃO-DE-OBRA

A oferta ilimitada de mão-de-obra, característica das economias retardatárias, se revelará de fundamental importância, tanto na montagem de paradigmas quanto na definição de políticas econômicas ajustadas à realidade dos subdesenvolvidos. Na presente seção nos limitaremos, todavia, a explorar um de seus corolários fundamentais, que é a disponibilidade de capital como limite superior ao crescimento do PIB. A exata definição desse teto é de fundamental importância, porque o objetivo básico das políticas de desenvolvimento é incrementar aceleradamente o PIB com o fim de eliminar o atraso econômico. A partir dessa elucidação, será possível explicar por que o crescimento das economias maduras jamais ultrapassa 4% ao ano, enquanto nas economias emergentes bem sucedidas ele fica sempre acima de 7%, chegando frequentemente a 11%.

O desconhecimento da diferença entre o limite superior de países desenvolvidos e subdesenvolvidos constitui uma das causas da adoção, nestes últimos, de políticas excessivamente conservadoras e, em última análise, levou à aceitação no Brasil da taxa de 5% como incremento máximo do PIB, a não ser ultrapassado sem graves consequências.

Depois da contribuição seminal de Keynes para a análise dos processos recessivos, passou a ser de aceitação geral que nos países desenvolvidos a economia opera em condições da escassez de mão-de-obra, o que contrasta de maneira fundamental com a oferta ilimitada de trabalho existente nos países subdesenvolvidos. Aprofundemos esse aspecto.

A curto prazo é o pleno emprego que limita o crescimento das economias desenvolvidas. Tentativa de ignorar esse fato resulta em processo inflacionário, sem qualquer ganho efetivo no PIB. A longo prazo, uma vez atingido o pleno emprego, o incremento do produto *per capita* nos países desenvolvidos vai depender de novas tecnologias *labour saving* que permitam maior produção com igual número de trabalhadores.

Coisa totalmente diversa ocorre nos subdesenvolvidos, onde há superabundância de mão-de-obra e o acervo de tecnologias ainda não utilizadas – cujo aproveitamento depende apenas de nível adequado de poupanças – é amplo. Ou seja, o limite superior nesses países é dado pelo capital, diferença que se revelará de fundamental importância na montagem de paradigmas e na definição de políticas econômicas para os países subdesenvolvidos. Antes de entrarmos no exame das características e consequências de tal peculiaridade, aspecto preliminar deve ser considerado.

A superabundância de mão-de-obra registrada pela economia do desenvolvimento esteve sempre ligada à existência nos subdesenvolvidos de parcela largamente majoritária da população na atividade agrícola. Essa situação se acha hoje completamente modificada. Daí a indagação: é ainda lícito falar-se em oferta ilimitada de trabalho e em desemprego disfarçado em larga escala nos países subdesenvolvidos?

A questão poderia ser colocada nos seguintes termos. Em país subdesenvolvido típico, 70% dos trabalhadores se acham no setor rural, produzindo o que apenas 10% deles obteriam, caso usassem tecnologia moderna. Donde se poder afirmar que 60% da mão-de-obra nacional se achava em situação de desemprego disfarçado, o que sinalizaria a oferta ilimitada de trabalho. O problema é que, no momento presente, a população agrícola nas economias emergentes representa de 10% a 20% do total, o que poderia ser interpretado como o desaparecimento da oferta ilimitada do fator trabalho. A aceitação da tese da oferta ilimitada de trabalho nos subdesenvolvidos depende, portanto, do esclarecimento desse aspecto. É o que passamos a fazer.

Nos estudos da migração rural-urbana,[5] os especialistas mostram que o trabalhador agrícola se desloca para as cidades quando a expectativa matemática de salários aí é superior ao que recebe em sua ocupação presente. Essa expectativa é definida como o salário pago nas cidades, multiplicado pela probabilidade de o trabalhador rural encontrar emprego urbano.

No crescimento clássico jamais houve problema, ocorrendo migração para as cidades à medida que nelas aumentava a oferta de postos de trabalho. Os salários urbanos eram pouco superiores aos rurais, não sendo altamente vantajosa a migração.

No crescimento retardatário, porém, os trabalhadores rurais absorvidos pelo setor moderno recebem desde logo salários muito superiores aos agrícolas. Gera-se, dessa forma, um processo migratório excessivo, que leva grande massa de desempregados ou subempregados às cidades Exemplifiquemos.

Suponhamos salário agrícola de 10. Em processo de crescimento clássico, em que é gradual a elevação da produtividade na indústria, o salário nas cidades seria de 20. Suponhamos ainda que a probabilidade de o trabalhador rural encontrar emprego na urbe seja de 20%. Multiplicado esse percentual pelo ordenado urbano, chega-se a uma expectativa matemática de salário igual a 4, cifra inferior à da remuneração do trabalhador rural. A migração, portanto, não ocorreria. Situação que será gradualmente modificada com o aumento da demanda por mão-de-obra e a decorrente elevação do salário citadino.

No início do crescimento retardatário, o trabalhador sai do campo para ingressar em setor moderno da economia, cuja tecnologia e, portanto, a produtividade, registram níveis iguais aos das economias maduras. Seus salários podem assim ser bem mais elevados (e, de fato, o são) que os praticados na agricultura. O ritmo da industrialização nos subdesenvolvidos é, sem duvida, mais acelerado do que o registrado na experiência histórica dos atuais desenvolvidos. Mas a característica *labour saving* da tecnologia utilizada anula essa vantagem. A probabilidade de o trabalhador rural encontrar emprego na cidade pode, assim, ser considerada igual nos dois casos. A diferença entre os salários urbano e rural é, contudo, muito maior nos subdesenvolvidos, onde o trabalhador rural é absorvido pelo setor moderno, cuja produtividade (e, portanto, o ordenado) é muitas vezes superior à da agricultura.

Retomando o exemplo aritmético anterior, suponhamos igualmente um salário de 10 na agricultura e 20% de probabilidade de emprego na cidade. O salário pago pelo setor moderno é 100. O que dá expectativa matemática de salários igual a 20 para o trabalhador rural, tornando a migração para as cidades extremamente atrativa. Ocorre dessa forma um êxodo para a zona urbana em total descompasso com o número de postos de trabalho oferecidos. O que determina o surgimento de grande massa de desempregados ou subempregados em trabalhos domésticos e atividades informais. Ou seja, a oferta ilimitada de mão-de-obra continua existindo. O excedente apenas se transferiu da zona rural para a urbana.

Em suma, a tese da economia do desenvolvimento tradicional de ser o crescimento retardatário caracterizado pela oferta ilimitada de trabalho permanece plenamente válida. A questão é que os excedentes de mão-de-obra se acham localizados na área urbana.

Esclarecido esse ponto, podemos passar ao exame das consequências da diferença de limite superior ao crescimento em países desenvolvidos e subdesenvolvidos.

Exemplo aritmético simples ilustrará a situação. Suponhamos que a relação capital/trabalhador exigida pela moderna tecnologia seja de 4 para 1. Em país subdesenvolvido, as disponibilidades dos dois fatores de produção é de 1 milhão de trabalhadores e 1 milhão de unidades de capital. Nesse caso, quando todas as unidades de capital estiverem utilizadas, somente 250 mil trabalhadores estarão ocupados. Ou seja, o crescimento é limitado pela disponibilidade de capital ou pela plena capacidade.

Em hipotético país desenvolvido teríamos 6 milhões de unidades de capital e 1 milhão de trabalhadores. Nesse caso, quando a totalidade dos trabalhadores estiver ocupada, sobrarão 2 milhões de unidades de capital. Isto é, o limite superior ao incremento do PIB é dado pela mão-de-obra ou pelo pleno emprego.

Mais importante, todavia, é que, enquanto esse limite superior é rígido nos desenvolvidos, flexibiliza-se nos subdesenvolvidos. A situação é ilustrada pelos gráficos 1 a 3.

GRÁFICO 1 — PAÍS DESENVOLVIDO

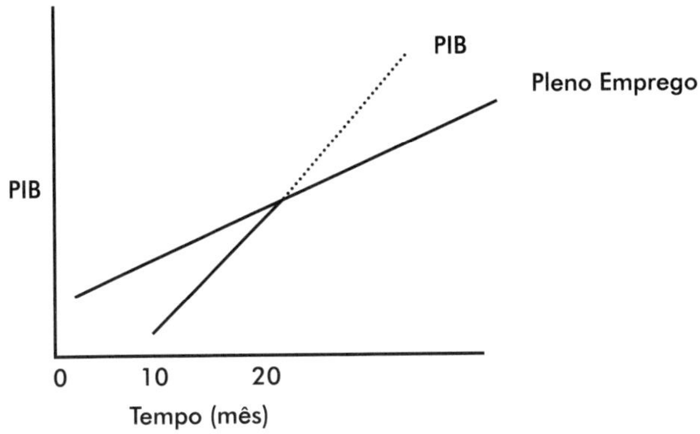

No gráfico 1, o tempo é representado no eixo horizontal e o PIB, no vertical.[6] As duas retas representam, uma, o PIB alcançável em situação de pleno emprego e, outra, o PIB efetivo. No mês 10, o PIB se acha abaixo do nível de plena ocupação do fator trabalho, pelo que uma política destinada a corrigir tal situação é lançada pelo governo. A economia passa, então, a crescer no ritmo sinalizado pela inclinação da linha representativa do PIB efetivo. No mês 20, o pleno emprego é atingido e a elevação do PIB passa a ocorrer no ritmo estabelecido pela inclinação da linha de pleno emprego. Qualquer tentativa de manter o ritmo anterior de crescimento resultará em inflação, ou seja, a elevação do PIB será apenas nominal. Fato assinalado por linha pontilhada a partir do mês 20.

Níveis superiores de PIB poderiam ser obtidos deslocando-se para cima a linha de pleno emprego. Isso poderia ser conseguido, no curto prazo, pela imigração e, no longo, pelo aumento da natalidade. Acontece que o objetivo de políticas de crescimento é elevar o produto *per capita*. Ora, nos dois casos anteriores, o produto aumentaria, acontecendo o mesmo com a população sem garantia, portanto, de elevação do produto por habitante. Pelo que esse tipo de solução não é considerado. Em outras palavras: o limite superior nos desenvolvidos é rígido.

GRÁFICO 2 — PAÍS SUBDESENVOLVIDO

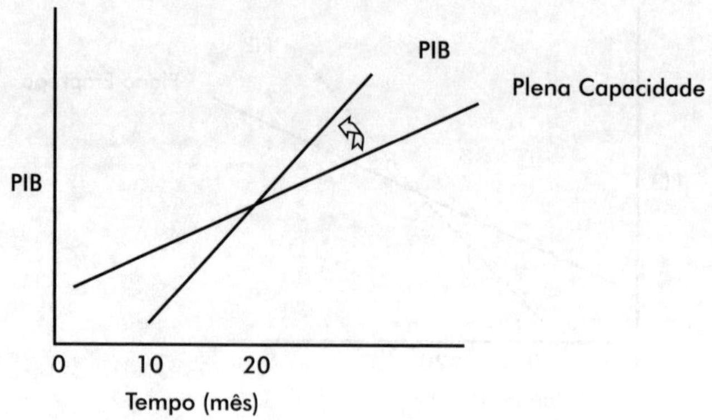

O gráfico 2 representa a situação nos subdesenvolvidos. Nesse caso, a linha de pleno emprego é substituída pela de plena capacidade, representando a total utilização do capital disponível. Quando no mês 20, em função da política oficial de aceleração do crescimento, o PIB atual atingir a plena capacidade, a situação será diferente da registrada no caso de país desenvolvido. O ritmo anterior de incremento do PIB pode ser mantido através da elevação da margem de poupanças (e, portanto, da formação de capital) da economia, no sentido indicado pela flecha. Como tal política não exige qualquer aumento da população, inexiste contra ela a objeção apresentada no caso dos desenvolvidos.

Em suma, se nos desenvolvidos o limite superior para o crescimento da economia é rígido, nos subdesenvolvidos é eminentemente flexível. Inclusive nestes países o próprio desencadeamento de surto inflacionário (que ocorrerá se não tiverem sido tomadas medidas prévias para elevação da margem de poupanças) levará ao deslocamento para cima da plena capacidade, através da poupança forçada monetária. Este aspecto será mais bem explicado ao tratarmos de políticas anti-inflacionárias em países subdesenvolvidos.

Ponto final a ser considerado refere-se ao significado do limite superior ao crescimento nos países desenvolvidos. Segundo o gráfico 1, atingido o pleno emprego, o crescimento do país desenvolvido só seria possível no mesmo ritmo do aumento da oferta de mão-de-obra, resultante fundamentalmente do aumento da população. O que significaria renda *per capita* estagnada. Isso vale apenas, contudo, para o curto prazo, dado que novas tecnologias *labour saving* permitem o constante aumento do produto por trabalhador. Situação representada no gráfico 3.

GRÁFICO 3 — PAÍS DESENVOLVIDO: PERSPECTIVA DE LONGO PRAZO

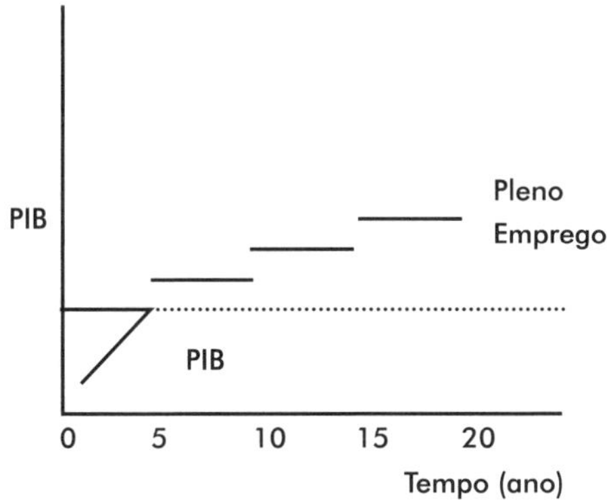

Para facilitar a explicação, aceita-se que, diferentemente do gráfico 1, a população – e, portanto, a mão-de-obra – é constante. Em função disso o limite superior dado pelo pleno emprego toma a forma de linha horizontal, indicando um PIB, e portanto também renda *per capita*, constantes. Essa situação é representada pela linha horizontal inferior, cheia até o ano 5 e pontilhada daí para diante. Essa estagnação do PIB é rompida pelas inovações tecnológicas.

As inovações tecnológicas determinam saltos para cima da linha de pleno emprego. A linha inicial, portanto, que determinaria a estagnação do produto por habitante só vale para a situação de curto prazo, em que se supõe constante a tecnologia disponível.

No gráfico 3 nos anos 10, 15 e 20 ocorrem inovações tecnológicas que deslocam para cima a linha de pleno emprego, permitindo que suceda o mesmo com o PIB efetivo. Em suma, novamente aqui os crescimentos clássico e retardatário revelam diferenças fundamentais.

Observação final importante é a que segue. A *mainstream economics* toma sempre como limite ao crescimento o PIB potencial, sendo este o limite que não pode ser ultrapassado sem risco de inflação. Isso porque não reconhece a diferença entre o crescimento clássico e o retardatário. Na presente análise em que é fundamental o reconhecimento dessa disparidade, a referência será sempre ao pleno emprego no caso dos desenvolvidos e à plena capacidade se a referência for aos subdesenvolvidos.

CRESCIMENTO DUAL E CRESCIMENTO UNITÁRIO

Vimos anteriormente que a utilização de tecnologia *labour saving* em países subdesenvolvidos tinha como consequência a oferta ilimitada de trabalho. A segunda consequência é o crescimento dual ou dualista. Ou seja, a totalidade da poupança disponível para investimentos permite equipar apenas parcela limitada da população (ou da força de trabalho) gerando a disparidade entre um setor moderno e outro tradicional.

Nos desenvolvidos, a tecnologia, criada por eles mesmos, se acha ajustada à disponibilidade dos fatores de produção (capital e trabalho). Seu crescimento é unitário, no sentido de abranger concomitantemente a totalidade da população. O crescimento clássico teve seu início com a Revolução Industrial, sendo, portanto, de se supor que a parcela da população ligada ao setor manufatureiro auferia maior remuneração que o restante dos habitantes do país. Na medida, porém, em que a força de trabalho escasseava na agricultura, com a consequente elevação de salários, técnicas *capital using* foram criadas para o setor, impedindo o surgimento de hiato significativo entre um setor moderno e outro tradicional.

Isto é, nunca houve elevada disparidade com relação a salários, capital e produtividade entre os diversos setores. Ou pelo menos essa diferença jamais atingiu a amplitude observada no crescimento retardatário.

GRÁFICO 4 — CRESCIMENTO UNITÁRIO

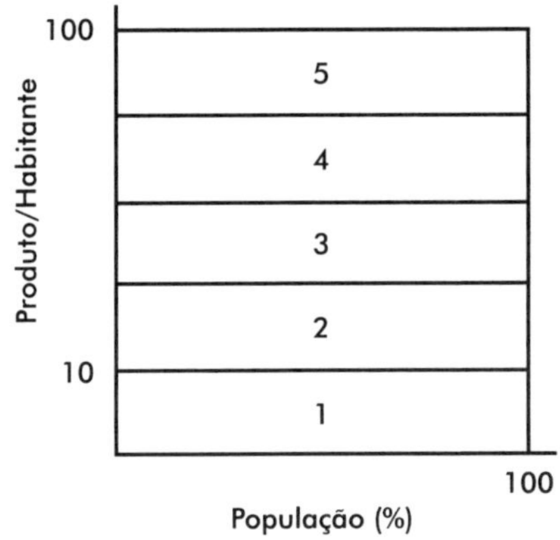

O gráfico 4 ilustra o que sucede no modelo unitário de crescimento. No eixo horizontal mede a população em percentagem e, no vertical, o produto por habitante. As barras horizontais, numeradas de 1 a 5, mostram como o produto por habitante se eleva em cinco décadas. Ele sobe de 10 na primeira para 100, na última. O importante é que abrange sempre a totalidade, ou 100%, da população, no sentido de que toda ela usufrui padrão de vida aproximadamente igual.

GRÁFICO 5 — CRESCIMENTO DUAL

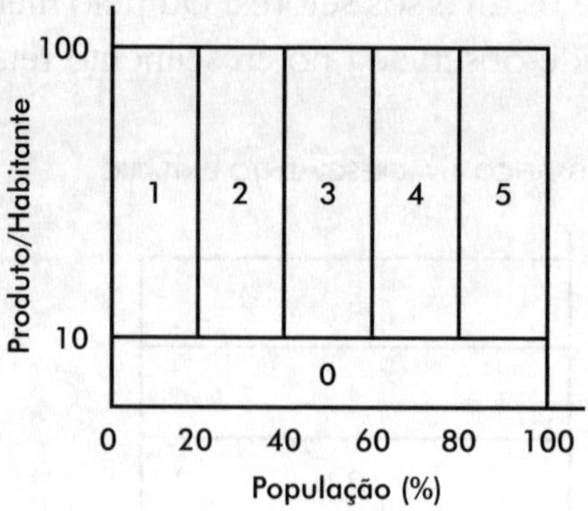

O gráfico 5 mostra o que sucede no crescimento retardatário. No momento 0, ou seja, antes de ter início o desenvolvimento, o produto por habitante é de 10 para 100% da população. Desencadeado o processo dinâmico, vai acontecer o seguinte: por maiores que sejam as poupanças do país, no contexto de tecnologias *capital using* (ou *labour saving*), elas só permitem absorver no setor moderno, de elevado capital por trabalhador, 20% da população. Parcela que passa a usufruir níveis de produtividade e salários próximos aos do Primeiro Mundo.[7]

A evolução da economia no crescimento dual é ilustrada pelo gráfico 5. Na primeira década, parcela correspondente a 20% da população ascende à remuneração de 100, conforme mostra a barra vertical correspondente, ficando o restante desta nos mesmos 10 anteriores de produto por habitante. Na medida em que o crescimento evolui, parcelas crescentes da população são absorvidas pelo setor moderno (barras seguintes). Na última década o setor moderno abrange a totalidade da população, completando-se o processo dual de desenvolvimento. Em suma, é o crescimento dual, em que convivem um setor moderno e outro tradicional, situação típica das economias retardatárias e completamente distinta do crescimento unitário, registrado nos países desenvolvidos.

O desconhecimento do caráter dual do crescimento retardatário tem levado a sérios erros de interpretação. Entre eles o de que o desenvolvimento econômico no mundo atual é excludente, no sentido de beneficiar, de forma permanente, parcela restrita da população. Ela não apenas obtém renda muito mais elevada que a maioria dos habitantes, como esta cresce sistematicamente, na medida em que as inovações tecnológicas e novos investimentos aumentam a produtividade do setor moderno. Ou seja, a diferença de padrão de vida entre a população beneficiada pelo setor moderno e a dele excluída se elevaria constantemente.

GRÁFICO 6 — CRESCIMENTO DUAL

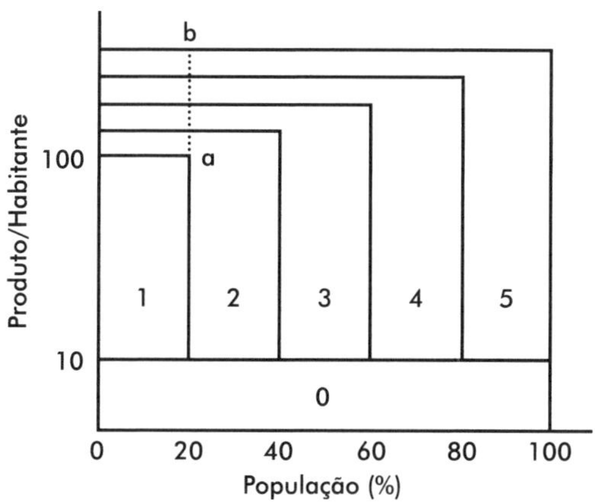

No gráfico 5, admitimos, para simplificar, nível constante de produtividade (ou ausência de progresso técnico), o que se traduz no tamanho uniforme das barras representativas da evolução do produto por habitante, nas cinco décadas sucessivas. Na verdade, porém, o progresso técnico permite constante aumento no produto *per capita* do setor moderno. O que é ilustrado no gráfico 6 pela constante elevação da linha horizontal superior da barra que indica o nível do produto por habitante. Ou seja, em condições normais de desenvolvimento, não só o produto *per capita* se eleva no setor moderno, como parcela crescente da população é abrangida por ele. Tal é o processo normal em uma estratégia bem-sucedida de crescimento retardatário.

Se, no entanto, por conta de estratégia errada de desenvolvimento a poupança é escassa, ela vai ser totalmente usada para manter o setor moderno atualizado com o progresso técnico. É, de fato, prioritariamente por ele que se interessa a rede bancária nos seus empréstimos e o governo nos seus investimentos. O crescimento passa, graças a isso, a consistir unicamente no aumento do produto por habitante do setor moderno, conforme assinala a linha pontilhada a-b do gráfico 6.

Foi o que aconteceu na América Latina que, em função de política neoliberal, registrou quase três décadas de semiestagnação, com o crescimento beneficiando somente pequena parcela da população.[8] Na região, o desenvolvimento se tornou, assim, excludente, ao contrário do que sucedeu nos países asiáticos, onde estratégia correta de desenvolvimento gerou as poupanças necessárias para que o aumento do PIB não só garantisse a atualização do setor moderno como absorvesse neste parcela crescente da população.Corolário da primeira fase do crescimento dual é a concentração de renda. O problema foi diagnosticado por Kuznets.[9] Esse tipo de evolução constitui acompanhamento natural desse modo de crescimento, resultando, como ele, da utilização de tecnologias *labour saving* em economias retardatárias em conflito com a abundância de mão-de-obra. Tal tipo de distorção não existe no crescimento clássico, em que não ocorre aí o processo concentrador de renda nos termos descritos por Kuznets.

Para este autor, na fase inicial do crescimento retardatário, ocorre concentração de renda, que se reduz gradualmente com o desdobramento do processo dinâmico. Evolução que se tornou conhecida como a curva em "U invertido" de Kuznets. A explicação do fenômeno é simples. Em economia subdesenvolvida, em que é pequena a disparidade de renda, surge setor moderno abrangendo pequena parcela da população e com remuneração próxima do nível observado nas economias maduras. Isso é traduzido nos coeficientes que medem a distribuição de renda como agravamento das diferenças existentes.

Ficamos aí diante de dois efeitos típicos do crescimento dualista em que o setor moderno absorve gradualmente o tradicional. O primeiro efeito tende a agravar a concentração de renda e o segundo opera em sentido contrário. Resulta o primeiro da incorporação de parcela limitada da população ao setor moderno e, o segundo, da gradual absorção por esse setor de parcela crescente da população do país. Durante a fase inicial do desenvolvimento predomina o primeiro efeito (ramo ascendente da curva em U invertido), sendo este gradualmente superado pelo segundo efeito (ramo descendente da curva em U invertido).

Essa evolução é ilustrada pela tabela a seguir. Nela se consideram existentes dois segmentos da população do país.

TABELA 1 — EVOLUÇÃO DA CONCENTRAÇÃO DE RENDA (CURVA EM U INVERTIDO DE KUZNETS)

POPULAÇÃO			
Anos	Renda da Classe A	Renda da Classe B	Coeficiente de Concentração
0	50	50	1,0
1	60	50	1,2
2	70	50	1,4
3	80	50	1,6
4	90	50	1,6
5	100	50	2
6	100	60	1,67
7	100	70	1,43
8	100	80	1,25
9	100	90	1,11
10	100	100	1,0

O primeiro é a classe A, abrangendo grupo de nível educacional relativamente elevado e, o segundo, a classe B, que não tem esse requisito. A classe A atende, obviamente, melhor às exigências do setor moderno, sendo, portanto, a primeira a ser absorvida por ele. No exemplo aritmético da tabela, a concentração de renda é medida pela relação entre os salário das classes A e B. Aceita-se a simplificação de que no ano zero, isto é, antes de ter início o desenvolvimento, os salários sejam iguais nas duas categorias, com indicador de concentração de renda igual a 1 (quarta coluna). Iniciado o processo de crescimento, surge o setor moderno, cuja remuneração é igual a 100. Na medida em que percentagem crescente da classe A vai sendo incorporada a esse setor, seu salário médio se eleva, conforme se vê na segunda coluna. O que leva ao aumento do coeficiente de concentração. No quinto ano, a totalidade da classe A foi absorvida pelo setor moderno, sendo de 100 o salário médio da categoria. E ele permanece daí por diante nesse nível, dado que essa é a remuneração normal, supostamente constante, do setor moderno.

No ano 5, o coeficiente de concentração chega ao seu nível máximo de 2, passando em seguida a declinar. Isso porque trabalhadores da classe B (supostamente escolarizados no período anterior) passam a ser absorvidos pelo setor moderno. Seu salário médio se eleva gradualmente, com o consequente declínio do coeficiente de concentração de renda. Esta, no décimo ano, volta ao seu nível inicial: 1. É a curva em U de Kuznets, cujas raízes se acham no crescimento dual, não existindo, portanto, nos desenvolvidos.

Interpretação errônea da contribuição de Kuznets seria aceitar a tese, por algum tempo difundida pelo pensamento conservador, de que no processo de desenvolvimento é preciso inicialmente elevar o PIB para depois começar a distribuí-lo. Não há dúvida de que, na fase inicial do desenvolvimento, a criação do setor moderno desencadeia processo concentrador de renda. Não existe, todavia, qualquer motivo para o poder público se manter passivo em relação a ele. A ampliação do setor moderno eleva a receita fiscal do governo que pode ser utilizada em benefício dos grupos de baixa renda. No que se refere ao setor privado, ele pode ser levado a colaborar no mesmo sentido, através de providências como elevar o salário mínimo e lançar outras medidas de proteção social.

A viabilidade desse tipo de política econômica é não só registrada na literatura como confirmada em situações concretas. A experiência de países bem-sucedidos em políticas de desenvolvimento mostra ser possível transformar a curva em U invertido em curva em J invertido. E, portanto, não apenas reduzir a duração do ramo ascendente da curva, como fazer que a distribuição de renda se torne mais equilibrada do que a existente no início do processo.

MERCADO COMO OBSTÁCULO AO CRESCIMENTO RETARDATÁRIO

Vimos anteriormente a distorção provocada pela utilização da tecnologia *labour saving* em países com superabundância de mão-de-obra, cuja manifestação básica é a oferta ilimitada do fator trabalho, identificada por Lewis. Examinaremos agora os resultados de outro tipo de desajustamento tecnológico: o choque entre a pequena dimensão do mercado dos subdesenvolvidos e o tamanho das unidades produtivas (ou dos processos produtivos) frequentemente exigido pela moderna tecnologia. O que significa, em última análise, que muitas vezes nos subdesenvolvidos existe a poupança necessária para a criação de determinada unidade produtiva, o que não é feito porque o mercado disponível é insuficiente para absorver sua produção.

Na presente seção, após (a) apontar as causas do constante aumento do tamanho mínimo das unidades produtivas imposto pela moderna tecnologia e (b) apontar os ajustes necessários na contribuição de Rosenstein-Rodan, passaremos (c) ao exame das condições que determinaram o abandono do mercado nos paradigmas interpretativos do crescimento clássico. Recapitularemos, em seguida, (d) as divergências registradas no Brasil em torno das causas explicativas do colapso do modelo de substituição de importações. Finalizando, enfocaremos (e) aspecto de fundamental importância na análise do crescimento retardatário, a saber, a diferença entre demanda real e monetária.

A elevação do tamanho mínimo das unidades produtivas decorre de que o aumento da dimensão das empresas permite maior divisão interna de trabalho, ou a decomposição de processos produtivos complexos em certo número de tarefas simples. Com isso, se torna mais fácil a criação de tecnologias que elevem a produtividade do trabalhador. O aumento da dimensão das empresas é, frequentemente, evitado através da transferência de certas etapas do processo produtivo para outras empresas. Do ponto de vista da restrição representada pelo pequeno tamanho do mercado dos países subdesenvolvidos, o problema permanece, sendo apenas disfarçado pela terceirização.

Ou seja, estamos em função desse segundo tipo de desajustamento tecnológico diante de outra especificidade do crescimento retardatário, só que, dessa vez, da perspectiva do mercado. Problema que não existe nos desenvolvidos, cuja tecnologia por eles mesmos criada leva sempre em conta o mercado à sua disposição. Na presente seção examinaremos a insuficiência de mercado como obstáculo ao crescimento retardatário, deixando para a próxima a consideração do mercado como determinante do crescimento.

O problema da insuficiência do mercado como obstáculo ao desenvolvimento foi identificado por Rosenstein-Rodan[10] e Nurkse,[11] sendo a contribuição do primeiro usualmente considerada a mais importante. Será, portanto, a única examinada nesta análise.

A contribuição de Rosenstein-Rodan foi considerada marginal na economia do desenvolvimento tradicional – posição radicalmente modificada em trabalhos mais recentes. Krugman concede, de fato, importância básica ao trabalho de Murphy e outros[12] que formaliza a teorização de Rosenstein-Rodan. Segundo Krugman,[13] a análise de Rosenstein-Rodan representou a contribuição teórica mais importante na economia do desenvolvimento tradicional. Afirma inclusive que, contrariamente ao aceito à época, a teoria da oferta ilimitada de trabalho, lançada por Lewis,[14] e as ligações para frente e para trás, valorizadas por Hirschman,[15] representam contribuição científica de menor valor. A importância atribuída por Krugman ao exame feito por Murphy e outros é confirmada por Vines[16] e Hoff e Stiglitz.[17]

A teoria de Rosenstein-Rodan merece, todavia, três reparos no que concerne a sua utilização para montagem de um paradigma interpretativo do crescimento retardatário e para o desenho de políticas de desenvolvimento. A primeira observação se refere ao momento em que ocorre o obstáculo da insuficiência de mercado. Em sua análise, a dificuldade apareceria no momento de partida das políticas de desenvolvimento. Na verdade, porém, o mercado interno dos países subdesenvolvidos é usualmente bastante grande para dar início ao processo dinâmico, através da criação de unidades produtivas do tamanho requerido pela moderna tecnologia. Recapitulemos.

Os países subdesenvolvidos começam por fechar seus mercados internos em benefício dos produtores locais. Com isso, se inicia um processo de substituição de importações, baseado seja no mercado representado pelo incremento do PIB, seja no proporcionado pelas importações substituíveis. O problema da insuficiência de mercado apenas surge quando, esgotado o estoque de importações substituíveis, os novos investimentos passam a depender exclusivamente do mercado adicional, representado pelo incremento do PIB. Ou seja, o problema do tamanho do mercado ocorre não no início do processo de desenvolvimento, mas ao se completar sua fase inicial.

O segundo reparo se refere à questão das externalidades. Para Rosenstein-Rodan, o problema surge porque a demanda gerada por dado investimento beneficia a terceiros fornecedores, e não ao investidor original. O objetivo do *big push* é, através de bloco integrado de investimentos, internalizar essa demanda. Todavia, a questão é mais bem colocada do ponto de vista da indivisibilidade: a tecnologia impõe dimensão mínima às unidades produtivas. Isto é, no caso da insuficiência do mercado interno, elas não podem ser substituídas por outras de menor porte.

No exemplo oferecido por Rosenstein-Rodan da fábrica de sapatos com dois mil trabalhadores, se o mercado interno for insuficiente, a solução seria criar uma fábrica de, digamos, cem trabalhadores. Isso não pode ser feito, dado o problema da indivisibilidade ou do tamanho mínimo imposto pela moderna tecnologia. Esta não permite, em setores críticos para o desenvolvimento, a livre escolha do porte das empresas.

O terceiro reparo é que, quando Rosenstein-Rodan chega à conclusão de que a fábrica de sapatos não pode ser criada isoladamente – sendo necessário o *big push* –, leva em conta apenas o mercado interno de país subdesenvolvido. Com isso reconhece corretamente o papel fundamental do mercado interno na fase inicial de políticas de desenvolvimento. O que contrasta com a experiência de países desenvolvidos que, no século XIX, lançaram sua industrialização com base não no fechamento dos mercados internos, mas na abertura recíproca de mercados. A iniciativa foi da Inglaterra, que abriu unilateralmente seu mercado interno através das *anti-corn laws*, passando em seguida a patrocinar a abertura de mercados europeus através de acordos comerciais. Destes, o mais importante foi o Cobden-Chevalier, estabelecido com a França.

Esclarecidos esses pontos, passemos a examinar a fundamental diferença mercadológica entre os crescimentos clássico e retardatário. Enquanto na economia do desenvolvimento tradicional Rosenstein-Rodan, Nurkse e Hirschman conferem grande importância à questão do mercado, seja como obstáculo, seja como determinante do crescimento, ele é simplesmente ignorado nas teorizações da *mainstream economics*, apoiadas na experiência dos atuais desenvolvidos.

Nas análises neoclássicas do crescimento,[18] nos estudos sobre o crescimento endógeno[19] e na corrente neoschumpeteriana, apenas o aspecto da oferta é considerado. Ou seja, o crescimento decorreria exclusivamente da acumulação de capital, do progresso tecnológico e do aumento da população.

O abandono do mercado nos paradigmas interpretativos do crescimento nos países desenvolvidos tem raízes históricas na chamada "lei de Say", proposta pelo economista francês do século XIX. Segundo ela, toda oferta cria sua própria procura. Assim, quando um bem de valor 100 é oferecido em troca de outro de preço idêntico, se está criando ao mesmo tempo oferta e demanda de 100. Logo, o mercado não constituiria problema, podendo ser ignorado na análise econômica.

O único desafio sério a essa tese foi o de autoria de Marx. A recapitulação de sua análise é importante, porque permite explicar os motivos pelos quais a questão do mercado foi desconsiderada no crescimento clássico e é tida como fundamental no retardatário.

Marx foi o único dos economistas de sua época a levar em conta a insuficiência de mercado como obstáculo ao crescimento. Conforme mostrou Lewis, o contexto econômico estudado pela escola clássica é o do século XIX, quando existia superabundância do fator trabalho. Para Marx e seu discípulo Engels essa situação assinalava a existência de um "exército industrial de reserva" que, ao elevar a oferta de mão-de-obra, colocava os salários no nível de subsistência. Como consequência, a demanda global não crescia no compasso requerido pela rápida acumulação de capital, condição que levaria ao inevitável colapso da economia capitalista.

Sucedeu, porém, que a acumulação de capital, ao absorver grandes e rapidamente crescentes quantidades de mão-de-obra, esvaziou o "exército industrial de reserva", que já não mais existia no último quartel do século XIX. Com isso elevou-se o poder de negociação dos sindicatos, que obtiveram aumento salarial em ritmo igual ao do aumento de produtividade. Segue que o mercado passou a crescer no mesmo compasso da oferta, deixando, portanto, o mercado de ser problema. Ou, na expressão de Furtado, criou-se um "anel de *feedback*": a oferta gerava sua própria procura. O que explica o desinteresse das teorias neoclássicas pela questão mercadológica e a aceitação, sem resistência, da lei de Say.

Bem diferente se revelou a experiência do crescimento retardatário. Iniciado fundamentalmente após a Segunda Guerra Mundial, com base na substituição de importações, não enfrentou de início qualquer problema de mercado. Esgotadas, no entanto, as oportunidades de substituir importações, o processo dinâmico entrou em colapso. Ou seja, o crescimento retardatário não se apoiava, como o clássico, em abertura recíproca de mercado, mas dependia essencialmente do mercado preexistente representado pelo estoque de importações substituíveis.

O colapso do modelo de substituição de importações foi objeto de enfoques diferentes. Devem ser examinados porque propõem interpretações teóricas e, consequentemente, políticas econômicas largamente conflitantes, como se verá em capítulo mais adiante.

A primeira interpretação do problema é de Furtado. Segundo ele, o "anel de *feedback*" registrado no caso do crescimento clássico inexiste no crescimento retardatário. Isso porque os subdesenvolvidos utilizam tecnologia *labour saving*, que reduz substancialmente a demanda de mão-de-obra determinada pelos novos investimentos. Desaparece, portanto, a pressão por aumento de salários, que são mantidos em baixíssimos níveis. Como consequência, o mercado deixa de crescer na mesma proporção da oferta, tal como se observa nos países desenvolvidos. Esgotadas as oportunidades de substituir importações, o colapso do crescimento tornava-se inevitável.

Na interpretação por nós proposta,[20] o colapso do modelo de substituição de importações resultou da indivisibilidade, ou do tamanho tecnologicamente necessário. É possível provar que o "anel de *feedback*" existe também nos subdesenvolvidos, onde o crescimento é dual, com a convivência de um setor tradicional e outro moderno e onde todo o dinamismo da economia é proporcionado pelo setor moderno único, para o qual o "anel de *feedback*" é necessário. Explicamos a seguir o mecanismo que permite o funcionamento deste.

Uma empresa é criada no setor moderno com a mais avançada tecnologia disponível. Seu preço é estabelecido com base nos custos, mais o *mark up* usual de, digamos, 20%. Os salários inicialmente pagos são, por hipótese, do nível vigente em países subdesenvolvidos e, portanto, baixos. Contudo, os sindicatos locais tomam conhecimento de que, nos países desenvolvidos com tecnologia e produtividade iguais, as empresa pagam salários muito maiores. Passam, assim, a reivindicar aumento de remuneração.

O lucro bruto das empresas, proporcionado pelo *mark up*, é função dos custos e sobe com eles. Como os salários são custos, as empresas não oferecem grande resistência a essas reivindicações. Instala-se, dessa forma, processo de elevações salariais, transferidas para os preços, que termina por colocar a remuneração dos trabalhadores em níveis correspondentes aos de sua elevada produtividade. Tal mecanismo corresponde ao do "anel de *feedback*", registrado nos países desenvolvidos.

Segundo essa colocação, portanto, o colapso da política de substituição de importações é explicado pelo modelo analítico proposto por Rosenstein-Rodan, com o ajustamento anteriormente proposto de considerar a indivisibilidade a melhor explicação para o problema da insuficiência de mercado. Enquanto o crescimento decorrente da elevação do PIB foi complementado pelo próprio mercado – representado pelo estoque de importações substituíveis –, não houve problema. A dificuldade surgiu ao se esgotarem as oportunidades de substituição de importações. A partir desse instante, o desenvolvimento passou a depender do mercado surgido com o incremento do PIB, o qual não se revelou suficiente para contornar o problema da indivisibilidade. Acompanhemos a explicação através de mais um exemplo.

Suponhamos que, em dado setor da economia, o tamanho mínimo da unidade produtiva tecnologicamente necessária seja de 1.000. Sendo o estoque de importações substituíveis de 4.000, não há restrição de mercado, pois quatro unidades produtivas podem ser criadas no país. Porém, a partir do momento em que esse estoque se esgota, com a instalação da quarta unidade, ocorre um impasse. Porque o mercado adicional proporcionado pela elevação do PIB é de, digamos, apenas 200. Logo, incompatível com o investimento em novas unidades de tamanho 1.000.

O problema, portanto, é de indivisibilidade. Caso não o fosse, a criação de novas unidades de tamanho 200 bastaria para resolvê-lo.

Para concluir, devemos considerar ainda outro aspecto teórico de grande relevância. Keynes se preocupou com a interrupção do crescimento provocada por insuficiência de demanda. Na análise anterior mostramos que o colapso do modelo de substituição de importações resultou do mesmo motivo. Significa dizer que estamos diante de problema igual e podemos resolvê-lo com base nos mesmos remédios?

A resposta é negativa. Keynes leva em conta a demanda monetária. No entanto, o colapso do modelo de substituição de importações resultou da insuficiência de demanda real. Para políticas de desenvolvimento, a distinção entre os dois tipos de demanda é fundamental.

Retomemos o exemplo utilizado para explicar a origem da lei de Say. Na troca direta, toda oferta de produto de valor 100 implica em aumento da demanda de igual monta. Suponhamos, no entanto, que o ofertante receba por seu produto cifra correspondente em moeda e decida manter essa quantia em espécie, em vez de utilizá-la na aquisição de outro bem de preço 100. A criação automática de mercado mencionada por Say desaparece. O que ocorre nesse caso, contudo, é a insuficiência de demanda monetária, a qual pode ser corrigida através de injeções monetárias patrocinadas pelo governo. Tal foi o tipo de problema diagnosticado por Keynes em sua explicação das recessões econômicas.

Suponhamos, porém, que a dificuldade na troca direta ocorre porque o ofertante não consegue por seu produto a quantidade de bens que deseja. Ou, o que é o mesmo, não consiga na troca monetária obter o preço desejado. Nesse caso nos achamos diante de deficiência da demanda real, que não pode ser corrigida por injeções monetárias.

Em suma, insuficiência de demanda monetária pode ser corrigida por simples injeções de moeda, desde que suficientes para compensar o entesouramento. No que se refere à demanda real, a situação é mais complexa. No caso de empresas isoladas, a correção do problema depende de um aumento de produtividade que permita baixar custos (e, portanto, o preço pedido) ou, em termos globais – únicos que nos interessam –, de um conjunto integrado de investimentos do tipo proposto por Rosenstein-Rodan e Nurkse. Expliquemos.

Em termos macroeconômicos, o mercado é dimensionado pelo tamanho do PIB em condições não recessivas. O nível deste sinaliza, de fato, o volume dos produtos habitualmente trocados. E a habitualidade mostra que os ofertantes estão satisfeitos com o que recebem em troca de seus bens. Em caso de recessão, a insuficiência da demanda monetária faz o PIB declinar. O governo procura sanar a dificuldade com simples injeções de moeda, que não criam mercado (ou PIB), apenas o repõem. E, se excessivas, tampouco aumentam mercado ou PIB: geram inflação.

Em políticas de desenvolvimento, a distinção entre demanda monetária – noção tipicamente de curto prazo – e demanda real – ou mercado, cujo significado é essencialmente de longo prazo – é fundamental, como dissemos. Por esse motivo, achamos necessária uma explicação terminológica. É o que fazemos a seguir.

Na literatura econômica, a expressão "mercado" é frequentemente utilizada para significar "mecanismo de preços". Para evitar mal-entendidos no presente texto, ele será sempre referido no sentido de "demanda real". Em sua outra acepção, a terminologia adotada será "mecanismo de preços".

Sublinhamos o fato porque uma das teses centrais da presente análise é que, em políticas de desenvolvimento, o mercado, entendido como demanda real, deve ser apoiado e estimulado, sua disponibilidade é básica para o desenvolvimento. Já o mercado na acepção de livre e desimpedido funcionamento do mecanismo de preços constitui, frequentemente, grave empecilho às políticas de desenvolvimento.

Em apêndice a este capítulo são apresentados exemplo aritméticos que ilustram a fundamental diferença entre as demandas monetária e real.

MERCADO COMO DETERMINANTE DO CRESCIMENTO RETARDATÁRIO

Nos paradigmas interpretativos do crescimento clássico, em que a questão do mercado é ignorada, os fatores determinantes do processo dinâmico são a força de trabalho, o capital e a tecnologia. Quando esses paradigmas são usados para a análise do crescimento retardatário, o fator determinante único passa a ser a disponibilidade de poupança. Isso porque nos países subdesenvolvidos a oferta ilimitada de trabalho transforma-o em bem livre, que pode ser ignorado em estudos econômicos. Por outro lado, a tecnologia a ser utilizada já existe e se acha à disposição dos países subdesenvolvidos, bastando "retirá-la da prateleira", conforme diz Ranis.

Chegamos neste ponto a uma diferença fundamental entre o crescimento clássico e o retardatário. Nas linhas a seguir será demonstrado que o fator determinante do crescimento retardatário não são as poupanças, mas a disponibilidade de mercado. Isso porque, na existência deste, essas se elevam endogenamente.

Na economia do desenvolvimento tradicional, Hirschman[21] foi o primeiro a perceber o fato. Primeiro, ao mostrar a importância do mercado no desenvolvimento sob a forma de ligações para trás (*backward linkages*). Depois, quando diz que as oportunidades de investimento são, por si sós, capazes de elevar as poupanças. Com o esvaziamento da disciplina, porém, sua percepção não foi aprofundada.

O que permitiu retomá-la não foram estudos teóricos, mas a observação de casos concretos de sucesso em políticas de desenvolvimento. Especificamente falando, foi a bem-sucedida experiência dos países do leste da Ásia, tal como registrada no relatório do Banco Mundial *The East Asian miracle*,[22] que levou a essa conclusão. Aí se mostra que, contrariamente ao aceito pela visão neoclássica, não era a prévia elevação de poupanças que viabilizava a aceleração do crescimento, mas exatamente o oposto. Os países do leste da Ásia registravam níveis de poupança de 30% sobre o PIB, sem que se pudessem identificar neles medidas preliminares destinadas a elevar a margem de poupanças.

A análise dos estudiosos sobre o fenômeno incorporou a ilação do organismo internacional. Srinivasan, ao recapitular as contribuições recentes para o estudo do desenvolvimento, comenta da seguinte forma a relação entre poupança, investimento e crescimento:

> Claramente a relação de causalidade entre crescimento, poupança e investimentos vai em ambas as direções. Lewis e seus contemporâneos enfatizavam a cadeia causal indo de investimentos exógenos para o crescimento. A outra linha de causalidade seria entre as oportunidades de crescimento e os investimentos.[23]

Barro, no seu estudo sobre as determinantes do crescimento, é ainda mais taxativo:

> Um coeficiente positivo entre a taxa [...] de investimento [...] e de crescimento pode refletir a relação positiva entre oportunidades de crescimento e investimentos antes do que o efeito positivo de uma taxa mais elevada de investimento, exogenamente determinada, sobre o crescimento.[24]

E mais adiante afirma: "Esse achado sugere que muito do efeito positivo estimado da taxa de investimento no crescimento [...] reflete a relação inversa entre oportunidades de crescimento e investimento."[25] Ocampo[26] reconhece a existência dessa nova interpretação ao afirmar que usualmente se considera a cadeia causal poupança-investimento-elevação do produto. Mais recentemente, contudo, se volta a aceitar a interpretação keynesiana de que o incremento do produto determina aumento proporcional da poupança.[27]

Essa concepção já se acha inclusive incorporada em livros de texto, conforme se verifica em Hossain e Chowdhury. Segundo eles:

> O crescimento econômico pode também elevar a taxa de poupança. Por exemplo, as economias do leste da Ásia altamente poupadoras e de rápido crescimento experimentaram elevado crescimento antes de suas taxas de poupança se elevarem. A implicação é que pode ocorrer a aceleração das taxas de crescimento nos países em desenvolvimento mesmo na ausência de um salto inicial na poupança. [...] Os testes Granger de causalidade [...] confirmam a relação do crescimento com a poupança. Uma visão consensual de que existe um círculo virtuoso entre crescimento e poupança está emergindo. Aceleração no crescimento aumenta a taxa de poupança, que, por sua vez, alimenta a elevação do crescimento.[28]

Relatório de 2006 da Conferência das Nações Unidas para o Comércio e o Desenvolvimento (Unctad) segue na mesma linha, no seu apêndice teórico:

> As poupanças correspondentes ao aumento do investimento são geradas através do investimento. [...] Investimentos mais elevados estimulam maiores lucros, dado que as rendas temporárias de monopólio do setor da empresa sobem. Esses lucros proporcionam a poupança macroeconômica necessária, de um ponto de vista *ex post* para financiar o investimento adicional.[29]

No Brasil, vamos encontrar depoimentos como o de Leite, para quem: "São fortes as evidências empíricas sugerindo que a causalidade flui no sentido do crescimento do PIB para a formação de poupanças."[30] Segundo Delfim Netto: "A história e a econometria sugerem, cada vez mais, que a poupança sucede ao crescimento."[31]

Contador é ainda mais enfático:

> Os resultados empíricos encontrados por Reis, Held e Uthoff, Carro e Weil, Hausman et al. e Muhlesein mostram que as variações do PIB real antecipam as variações da poupança, ou seja, a causalidade flui no sentido do crescimento do PIB para a formação de poupança.[32]

Em Lisboa vamos encontrar a seguinte afirmação:

> Blomstro, Lipsey e Zejan, após analisarem a causalidade entre investimento e crescimento do PIB em mais de cem países no pós-guerra com base em diversos testes econométricos, concluem pela maior evidência de que o crescimento antecede o aumento da formação de capital e não o contrário.[33]

Em síntese, esses autores consideram que as "oportunidades de crescimento" determinam a elevação da poupança – e não o contrário, como se fazia até recentemente.

Defendemos a tese de que essas "oportunidades de crescimento" (ou de investimento) nada mais fazem que sinalizar a existência de mercado, motivo por que ganham *status* de determinante principal do processo dinâmico de longo prazo.

Mercado deve ser aqui entendido como aquela parcela da demanda real em que o país tem competitividade. Assim, se em determinado setor as compras e vendas estatisticamente registradas são de 1.000, essa é a cifra que mede o total do mercado existente. Se, contudo, a produção de determinado país subdesenvolvido só é competitiva em 30% do mencionado montante, seu mercado será de apenas 300. Nas linhas a seguir chamaremos a demanda de 1.000 de "mercado existente" e os 300 de "mercado disponível". Apenas este último é significativo para uma política de desenvolvimento.

A competitividade determina a dimensão do mercado disponível. Pode resultar de vantagens comparativas naturais, de investimentos destinados a baixar custos e melhorar a qualidade do produto ou, ainda, de medidas institucionais.

Ao se reconhecer o mercado (no sentido de mercado disponível) como determinante principal do desenvolvimento, identificamos outra diferença fundamental entre crescimento clássico – em que ele não é sequer considerado – e crescimento retardatário – em que tem importância central. Quanto à política econômica, deixa de ser fundamental para os subdesenvolvidos o esforço para o prévio aumento de poupanças, contrariamente ao sustentado pela visão neoclássica. A condição básica para o sucesso de políticas de desenvolvimento passa a ser a abertura de mercados de dimensões e dinamismo adequados. Tese amplamente confirmada pela experiência dos países asiáticos.

Não foi porque se identificou aí qualquer política econômica uniforme capaz de explicar seus elevados níveis de poupança. O que existiu de comum no caso deles foi o reconhecimento e a imediata exploração de sua competitividade nos grandes mercados mundiais de produtos manufaturados.

A experiência histórica brasileira não foi muito diferente. Os períodos de crescimento acelerado, dentro dos modelos primário-exportador e de substituição de importações, foram determinados por condições favoráveis de mercado. No primeiro caso, tivemos o aproveitamento do mercado internacional de *commodities* minerais e agrícolas e, muito particularmente, do mercado gerado pela explosão da demanda internacional de café. No segundo, a aceleração do crescimento resultou, a princípio, do fechamento do mercado interno, decorrência da escassez cambial gerada pela Grande Depressão. Posteriormente, dessa mesma escassez acompanhada de medidas protecionistas de variado tipo. Ou seja, a disponibilidade de mercado, e não um esforço prévio para o aumento de poupanças, foi sempre a condicionante principal do rápido incremento do PIB.

A experiência do Chile é igualmente significativa. Sua taxa de poupanças (e ritmo de crescimento) superou largamente a dos demais países da América Latina. O que nele ocorreu foi o aproveitamento do mercado americano para produtos frutíferos, possibilitado pela diferença de estações entre os dois países. No que se refere às poupanças, durante algum tempo se supôs que esse aumento se devesse ao fato de se ter passado a Previdência Social do sistema de repartição para o de capitalização.[34] Na verdade, porém, tal não foi o caso, inclusive porque as maiores poupanças do sistema previdenciário são parcialmente compensadas pela queda das poupanças voluntárias.[35] Os recursos para maiores investimentos provieram de diversas fontes, dependendo do setor considerado, e não de novas políticas financeiras advindas do setor público.

Akiuz e Gore[36] demonstram que o aumento de poupanças nos países do leste Asiático ocorreu no nível empresarial, permitindo a visualização dos mecanismos envolvidos no processo.

Exemplifiquemos com o caso do Chile. Empresários do setor rural percebem o promissor mercado americano para frutas e gêneros conexos. A fim de aproveitá-lo, as empresas passaram a operar em regime de horas extras, terras de qualidade inferior são utilizadas e assim por diante. Algo parecido vai ocorrer com os fornecedores de insumos, gerando cadeia de retroalimentação. Os lucros aumentam e são retidos para investimento. Ou seja, as poupanças cresceram rapidamente nos setores envolvidos no processo dinâmico, sem que para isso fossem adotadas quaisquer medidas específicas. Com a aceleração do crescimento, elevaram-se as receitas públicas e, portanto, a capacidade de poupança do governo. Essa explicação coincide com a proposta pela Unctad em seu relatório de 2006, já citado.

Cabe ainda chamar atenção para o seguinte ponto: o aspecto da oferta sempre foi priorizado nas políticas de desenvolvimento. Apesar disso, os modelos de desenvolvimento foram designados pelo mercado em que se baseavam, o que constitui reconhecimento indireto de sua importância. No Brasil, por exemplo, tivemos o modelo primário-exportador, que explorava o mercado externo para bens agrícolas e minerais; o modelo de substituição de importações, baseado no mercado interno de produtos manufaturados; e, posteriormente, se tentou uma integração competitiva no mercado mundial, que teria explorado o mercado internacional de manufaturas, caso houvesse triunfado.

Não menos importante é o fato de que esses modelos fracassaram, ou foram abandonados, como resultado da insuficiência de mercado. Desistiu-se do primário-exportador por se considerar que o lento crescimento do mercado externo para produtos agrícolas e minerais era incompatível com a necessidade de crescimento acelerado, necessário à eliminação do atraso econômico. O de substituição de importações entrou em colapso ao se esgotar o mercado representado pelas importações substituíveis. E o de integração competitiva no mercado mundial, pelo fato de o Brasil não ter conseguido, como os países asiáticos, sucesso no mercado internacional de manufaturas.

Outra observação significativa é que o papel central do mercado não vale provavelmente apenas no caso de países subdesenvolvidos. Vejamos o caso da Inglaterra, pioneira da Revolução Industrial, que não só já dispunha de mercado mais abrangente que o de qualquer outra nação europeia, como procurou ampliar essa vantagem através da abertura unilateral do seu mercado (*anti-corn laws*), criando as condições que lhe permitiriam exigir comportamento igual de outros países. Não se identifica, da parte destes, qualquer política financeira de grande impacto como ponto de partida da Revolução Industrial.

Essa observação merece destaque porque na análise anterior se afirmou que a diferença fundamental entre o crescimento clássico e o retardatário resultava de o último não só ser levado adiante com base em tecnologia desajustada a sua realidade, como também de o mercado ter nele importância fundamental. No referente à tecnologia, a diferença entre os dois tipos de crescimento é incontestável. Tal não ocorre com relação ao mercado. Não cabe aqui aprofundar os motivos por que a *mainstream economics* o desprezou no estudo do crescimento clássico. Mas, como objetivo da presente análise é fundamentalmente apontar a necessidade de criar paradigma para o crescimento retardatário, frisamos o fato.

Uma observação final. Mostramos anteriormente a diferença entre crescimentos clássico e retardatário do ponto de vista da oferta. Ou seja, superabundância de trabalho num caso e escassez no outro, crescimento unitário de um lado e dual de outro. Contudo, são as diferenças em torno do papel do mercado que sublinham mais claramente a falta de similaridade entre os dois tipos de crescimento.Vejamos por quê.

O mercado é esquecido nas teorizações sobre o crescimento clássico, o que pode ser explicado pela aceitação da lei de Say, segundo a qual toda oferta cria sua própria procura. Ora, nossa análise demonstra que, no caso do crescimento retardatário, a cadeia causal se inverte. Nos subdesenvolvidos a disponibilidade de mercado gera poupanças suficientes para investimentos destinados a produzir os bens demandados. Sendo assim, é lícito afirmar que, se no crescimento clássico toda oferta cria sua própria demanda, no crescimento retardatário toda demanda cria sua própria oferta. Sublinha-se novamente a radical diferença entre os dois processos e se reitera a necessidade de formular-se paradigma específico para cada um deles.

APÊNDICE: DEMANDA REAL E DEMANDA MONETÁRIA

A compreensão da diferença entre demanda real e monetária, normalmente ignorada pela literatura corrente, pode ser facilitada mediante modelos aritméticos comuns; o primeiro passo nesse sentido consiste em mostrar o significado do *big push* proposto por Rosenstein-Rodan. Como vimos, seu objetivo é criar, em economias com mercado interno limitado, demanda real que permita dar partida em uma política de desenvolvimento, contornando o problema do tamanho mínimo tecnologicamente necessário às unidades produtivas. A tabela a seguir mostra em que consiste o *big push*.

TABELA 1 — BLOCO INTEGRADO DE INVESTIMENTOS

Empresas	Produção	Mercado ou Demanda Real				
		A	B	C	D	E
A	1.000	200	200	200	200	200
B	1.000	200	200	200	200	200
C	1.000	200	200	200	200	200
D	1.000	200	200	200	200	200
E	1.000	200	200	200	200	200
Total	5.000	1.000	1.000	1.000	1.000	1.000

A criação de mercado satisfatório exige a montagem simultânea de cinco empresas por iniciativa do governo: A, B, C, D e E. Ou seja, supõe-se a existência de cinco setores, cada um com uma empresa. No modelo da tabela 1 elas apresentam as seguintes características, simplificadas com o fim de facilitar a exposição:

a) todas têm tamanho mínimo tecnologicamente necessário de mil, medido pelo valor da produção;
b) o poder aquisitivo – gerado por cada uma delas sob a forma de lucros e salários – é distribuído em termos de demanda, igualmente, pelos produtos das cinco. Cada empresa origina demanda de 200 para si mesma e cada uma das outras quatro.

Na tabela, o tamanho mínimo comum de 1.000 é registrado na segunda coluna. O mercado disponível para cada uma se acha medido na última linha, sendo igual ao tamanho mínimo necessário das empresas. E, finalmente, nas linhas horizontais correspondentes a cada empresa mostra-se a distribuição pelos cinco setores da demanda real gerada por elas.

Caso se tentasse criar somente a empresa A (supostamente a fábrica de sapatos tomada como exemplo por Rosenstein-Rodan), ela não teria viabilidade. O mercado à sua disposição seria apenas de 200, gerado por seus próprios trabalhadores e proprietários. A solução é, portanto, criar concomitantemente as empresas A, B, C, D e E. Como estas se proporcionam mutuamente mercado, o resultado final seria a demanda real de 1.000 para cada uma, montante compatível com a exigência de tamanho mínimo.

Em suma, a tabela 1 ilustra como deveria ser montado bloco integrado de investimento capaz de contornar a insuficiência de mercado interno do país subdesenvolvido. Por outro lado, serve também para mostrar como ocorre o crescimento do mercado, ou da demanda real, nos países desenvolvidos. Nestes, o *big push* é desnecessário, porque a tecnologia (criada por eles mesmos) se ajusta ao tamanho dos mercados. A simples ação do mecanismo de preços determina resultado do tipo exemplificado. Cada empresário avalia o mercado futuro para seu produto e aumenta a oferta em consequência dele. Na medida em que suas previsões são corretas, surge mercado suplementar com as características apontadas na tabela 1, sem qualquer interferência do poder público.

O importante, todavia, é sublinhar que a correção de eventuais deficiências do mercado só pode ser feita por acréscimo da demanda real e não por injeções monetárias do tipo sugerido por Keynes, pois estas geram somente aumento da demanda monetária.

A diferença entre demanda real e monetária, e sobretudo a ineficácia da solução keynesiana de injeções governamentais para solucionar a insuficiência da demanda real (ou de mercado podem), ser compreendida com base nas tabelas 2 e 3.

Os pressupostos são os mesmos da tabela 1 (tamanho mínimo 1.000, demanda igualmente distribuída pelos cinco setores etc.). A diferença é que nesta o preço constante 1 está implícito para todos os setores, portanto a demanda real é igual à monetária. Nas duas tabelas seguintes, se aceita a possibilidade de variação de preços, o que permitirá distinguir entre as demandas real e monetária.

TABELA 2 — BLOCO INTEGRADO DE INVESTIMENTOS

Bens	Produção	Demanda Real				
		A	B	C	D	E
A	1.500	300	300	300	300	300
B	1.000	200	200	200	200	200
C	1.000	200	200	200	200	200
D	1.000	200	200	200	200	200
E	1.000	200	200	200	200	200
Total	5.500	1.100	1.100	1.100	1.100	1.100

Na tabela 2 supusemos um tamanho mínimo de 1.500 no setor A, tecnicamente necessário. Com isso, surge o problema de insuficiência da demanda real. Sua própria demanda, adicionada à dos demais setores de tamanho mínimo 1.000, não vai além de 1.100 (última linha da tabela). Ou seja, a empresa A espera receber 1.500 em bens próprios e de terceiros e obtém apenas 1.100. Mantida essa situação, suspenderá a oferta, considerando que a insuficiência de mercado inviabiliza o empreendimento.

Sendo a empresa do setor A hipoteticamente essencial para a política de desenvolvimento, é natural que o governo tente solucionar o problema através de injeção monetária. Como a demanda gerada por esta se divide igualmente entre todos os setores, a injeção deve ser de 2.500, os quais, adicionados à demanda preexistente de 5.000 (isto é, decorrente do nível normal de produção dos cinco setores), perfazem o total de 7.500. Igualmente dividido entre as cinco atividades, o montante proporcionará demanda monetária de 1.500 para cada uma. Assim, o problema de A estaria resolvido, em princípio, com oferta e demanda, ambas de 1.500. A questão é que esse cálculo não leva em conta a variação de preços. A situação efetiva é a seguinte:

TABELA 3

SETORES	PRODUÇÃO	DEMANDA	PREÇOS	MONETÁRIA
A	1500	1500	1	
B	1000	1500	1,5	
C	1000	1500	1,5	
D	1000	1500	1,5	
E	1000	1500	1,5	

Ou seja, o setor A vai distribuir sua receita igualmente pelos outros: 300 para cada. Como seu próprio preço permanece em 1, ficam reservadas 300 unidades do seu produto para uso próprio. Já nos demais setores o preço é de 1,5, logo a demanda monetária de 300 proporcionaria a A somente 200 unidades de bens de cada (total de 800). Significa dizer que, apesar da ação governamental, A dispõe de receitas que só lhe permitem adquirir 1.100 unidades de bens.

Confirma-se, assim, o fato de injeções monetárias resultarem apenas em elevação de preços, sem qualquer ganho efetivo quando se trata de resolver problema de mercado (no sentido de demanda real). A demanda real, que se traduz pela quantidade de bens obtidos em troca do produto oferecido, não se modificou com o aumento da demanda monetária. O desequilíbrio mostrado na tabela 2 permanece, portanto. O setor A continua economicamente inviável.

Solução correta para a dificuldade é oferecida pela tabela 4. Nela, supõe-se ação governamental destinada a elevar para 1.500 também a oferta – e, portanto, a demanda real – dos setores B, C, D e E. Trata-se, em última análise, do bloco integrado de investimentos proposto por Rosenstein-Rodan. Nesse caso, o mercado para A será de 1.500, tal como exigido pelo tamanho mínimo do setor. Assim, os preços serão uniformemente conservados em 1, com demanda monetária igual à real.

TABELA 4 — BLOCO INTEGRADO DE INVESTIMENTOS

Bens	Produção	Demanda Real				
		A	B	C	D	E
A	1.500	300	300	300	300	300
B	1.500	300	300	300	300	300
C	1.500	300	300	300	300	300
D	1.500	300	300	300	300	300
E	1.500	300	300	300	300	300
Total	7.500	1.500	1.500	1.500	1.500	1.500

NOTAS

1 A questão pode também ser colocada da seguinte forma. Suponhamos serem os fatores de produção somente capital e trabalho. Dois países, um desenvolvido e outro subdesenvolvido, têm o mesmo número de trabalhadores. O primeiro dispõe, todavia, de dez vezes mais capital que o segundo. Ambos registram PTF igual, ou seja, a mais avançada possível. O PIB por trabalhador (ou por habitante) será, em consequência, cerca de dez vezes mais elevado no desenvolvido. Quer dizer, a essência da Revolução Industrial foi permitir que, através do progresso tecnológico, se elevasse o capital por trabalhador, aumentando a quantidade total de fatores sobre os quais se aplica a PTF. Donde se pode considerar a elevação do capital como o objetivo básico das políticas de desenvolvimento. Sem, com isso, negar-se a importância da PTF.

2 Com isso adotamos a mesma linha analítica do *The growth report* (2008), relatório preparado para o Banco Mundial por 19 especialistas do melhor padrão internacional. No capítulo "Ingredientes de política nas estratégias de crescimento", o trabalho enfatiza a importância de altos investimentos (25% ou mais do PIB), de nível adequado de poupanças e de outros fatores relevantes. Em ponto algum há referência à PTF.

[3] No caso de crises de maior profundidade, como a Grande Depressão de 1929 e o colapso econômico de 2007-08, medidas de tipo keynesiano (que interferem na livre ação da "mão invisível") podem predominar por períodos relativamente extensos. Contornado o problema, volta, todavia, a valer o núcleo central da teoria neoclássica, que tem como base a livre operação do mecanismo de preços ou da "mão invisível".

[4] Instituição é termo frequentemente usado no sentido de organismos ou entidades. No presente livro será sempre entendida como regras do jogo econômico.

[5] M. P. Todaro (org.), The Struggle for Economic Development, New York, Longman, 1983.

[6] Como o crescimento econômico ocorre em progressão geométrica, sua representação como linha reta constitui uma simplificação. Ou se pode considerar que o eixo vertical do gráfico está colocado em logaritmos.

[7] Trata-se no caso do que a literatura (Mazumdar, 1983; Reis e Barros, 1991; e Maia e Saldanha, 1989) tem enfocado como mercados segmentados de trabalho.

[8] Essa situação deu origem à chamada teoria da dependência, que considerava o desenvolvimento dos países ricos obtido através do subdesenvolvimento dos países pobres. Nestes, parcela restrita da população usufruía de padrões de vida igual ao dos países ricos. Era o desenvolvimento excludente.

[9] S. Kuznets, Modern Economic Growth, Londres, Yale University Press, 1966.

[10] P. Rosenstein-Rodan, "Problems of Development in Eastern and South Eastern Europe", em B. Okun e R. W. Richardson (orgs.), Studies in Economic Development, New York, Holt, Rinehart and Winston, 1961.

[11] R. Nurkse, Problemas de formación de capital en los países insuficientemente desarrollados, Cidade do México, Fondo de Cultura Económica, 1955.

[12] K. M. Murphy et al., "Industrialization and the Big Push", em Journal of Political Economy, 1989, v. 97, n. 51.

[13] P. Krugman, Development, Geography and Economic Theory, Londres, MIT Press, 1995.

[14] W. A. Lewis, "Economic Development with Unlimited Supply of Labour", em A. N. Agarwala; S. P. Singh, The Economics of Underdevelopment, Glasgow, Oxford University Press, 1958.

[15] A. O. Hirschman, The Strategy of Economic Development, New Haven, Yale University Press, 1959.

[16] D. Vines, Comentário a I. Adelman, "Fallacies of Development Theory and Their Implications for Policy", em G. M. Meier e J. E. Stiglitz (orgs.), Frontiers of Development Economics, New York, Banco Mundial e Oxford University Press, 2001.

[17] C. Hoff e J. E. Stiglitz, "Modern Economic Theory and Development", em G. M. Meier e J. E. Stiglitz (orgs.), Frontiers of Development Economics, New York, Banco Mundial e Oxford University Press, 2001.

[18] R. W. Solow, "Model of Growth", em A. Sen (org.), Growth Economics, Hammonsworth, Penguin Books, 1956.

[19] P. Romer, "Increasing Returns and Long Run Growth", em Journal of Political Economy, out. 1986.

[20] J. P. A. Magalhães, Paradigmas econômicos e desenvolvimento, Rio de Janeiro, Eduerj e UFRJ, 1996.

[21] A. O. Hirschman, op. cit.

[22] Banco Mundial, The East Asian Miracle: Economic Growth and Public Policy, New York, Oxford University Press, 1993.

[23] T. N. Srinivasan, "The Sources of East Asian Economic Growth", em G. Ranis et al. (orgs.), The Political Economy of Comparative Development into the 21st Century, Northampton, Edward Elgar, 1999, p. 28.

[24] R. J. Barro, Determinants of Economic Growth, Londres, The MIT Press, 1999, p. 32.

[25] Idem, p. 33.

[26] J. A. Ocampo, "O desafio da transformação produtiva com igualdade", em BNDES, Modelos e políticas de desenvolvimento, Rio de Janeiro, BNDES, 1998.

[27] A colocação de Ocampo leva em conta o curto prazo ou a demanda monetária.

[28] A. Hossain e A. Chowdhury, Open-Economy Macroeconomics for Developing Countries, Northampton, Edward Elgar, 1998, p. 116.

[29] UNCTAD, Trade and Development Report, New York, UNCTAD, 2006, p. 37.

[30] A. D. Leite e F. E. P. Souza, "Síntese e introdução", em A. D. Leite e J. P. R. Velloso (orgs.), O novo governo e os desafios do desenvolvimento, Rio de Janeiro, José Olympio, 2002, p. 29.

[31] A. Delfim Netto, "Transição crítica", em A. D. Leite e J. P. R. Veloso (orgs.), O novo governo e os desafios do desenvolvimento, Rio de Janeiro, José Olympio, 2002.

[32] C. R. Contador, "O financiamento da retomada: desafios e oportunidades", em A. D. Leite e J. P. R. Velloso, O novo governo e os desafios do desenvolvimento, Rio de Janeiro, José Olympio, 2002, p. 740.

[33] M. B. Lisboa, "Instituições, consequências e pragmatismo: evolução e desafios da economia brasileira", em E. L. Bacha e L. C. Oliveira Filho (orgs.), Mercado de capitais e crescimento econômico, Rio de Janeiro, Contra Capa Livraria, 2005.

[34] No regime de repartição, os trabalhadores em atividade financiam as aposentadorias. No regime de capitalização, os trabalhadores, durante sua vida ativa, contribuem para fundo cujos rendimentos cobrirão, no futuro, suas aposentadorias.

[35] J. A. Ocampo, op. cit.

[36] Y. Akiuz e C. Gore, Discussion Paper 91, The Investment: Profits Nexus in East Asian Industrialization. UNCTAD, 1994.

POLÍTICA GERAL: PAPEL DO GOVERNO E DO CAPITAL ESTRANGEIRO NO CRESCIMENTO RETARDATÁRIO

No capítulo anterior, vimos a diferença entre o crescimento clássico e o retardatário. Neste e nos próximos, serão explorados os corolários dessa diferença no que se refere a políticas econômicas. O presente explorará a questão, de início, em seu aspecto geral, ou seja, o papel do Estado nas economias subdesenvolvidas. Em seguida, será examinada a contribuição do capital estrangeiro nas economias atrasadas.

Esses são dois aspectos fundamentais que devem ser investigados pelo desenvolvimentismo keynesiano. O primeiro, porque a contribuição fundamental desse ramo do pensamento econômico se acha no reconhecimento do fato de o livre funcionamento do mecanismo de preços não assegurar, por si só, o ótimo econômico. O segundo, porque na excessiva valorização do capital estrangeiro também se acha implícita, como se verá, a defesa do livre funcionamento do mecanismo de preços.

PAPEL DO GOVERNO

Nas linhas a seguir, mostrar-se-á como a aceitação das teses de Lewis exige ação ampla e permanente do governo para eliminação do atraso econômico. Segundo esse autor, o crescimento retardatário, diferentemente do que sucede nas economias desenvolvidas, é levado adiante em condições de oferta ilimitada do fator trabalho. Esse simples fato tem consequências importantes para a definição de políticas de desenvolvimento. A principal delas é a existência generalizada do desemprego disfarçado e do subemprego. Situação que, nos anos 1950-60, existia essencialmente no campo e que, posteriormente, se transferiu para as cidades.

A disparidade existente entre o custo real e o de oportunidade em países subdesenvolvidos deriva desse estado de coisas. O custo real é dado pelo valor dos insumos incorporados em cada produto. O custo de oportunidade do bem A é medido pelo valor do bem B, que se deixa produzir, para obter A. O enfoque do custo real é principalmente microeconômico e, além disso, o único registrado pelo mecanismo de preços. É nele, portanto, que se baseia o comportamento dos agentes econômicos. Por sua vez, a perspectiva do custo de oportunidade é macroeconômica, porque incorpora visão global da economia, levando em conta a existência de fatores ociosos, viabilizadores da produção de um produto sem redução na oferta de outros.

A diferença entre esses dois tipos de custo gerou grande debate entre os teóricos das relações econômicas internacionais, sendo vitoriosa a tese de que, nesse ramo da Economia, os custos relevantes eram os de oportunidade. Defendemos a ideia de que essa conclusão tem validade geral (e não apenas nas relações econômicas internacionais) para as economias retardatárias.

No caso delas, onde existe situação generalizada de desemprego disfarçado e subemprego, o custo de oportunidade da mão-de-obra é zero ou muito baixo. Apesar disso, qualquer empresa que recrute trabalhadores nessas condições deve pagar-lhes salário de nível registrado no setor moderno. A situação vale para todos os setores das economias atrasadas, sem exceção. E como as decisões baseadas no mecanismo de preços apenas consideram o custo real, determinações econômicas nele baseadas são infraótimas nos países subdesenvolvidos.

Vejamos o exemplo a seguir.[1] Hipotético país subdesenvolvido considera a possibilidade de investir em atividade industrial que produzirá bem de preço 100. Os custos estimados são de 30 em salários e 70 em outros insumos, totalizando 110. No que diz respeito estritamente às indicações do mecanismo de preços, a produção desse bem deve ser considerada antieconômica, pois seu preço é inferior ao custo. Falamos de custo real. Quanto ao custo de oportunidade, todavia, o valor do trabalho é 0 (ou muito baixo). O custo total do bem é, portanto, de 70, patamar perfeitamente compatível com o preço 100 obtido por ele.

Estamos diante de uma falha de mercado que, nas economias subdesenvolvidas, por ser generalizada, compromete a eficácia do mecanismo de preços. Ou seja, o primeiro corolário da análise de Lewis é que, em países economicamente retardatários, o mecanismo de preços funciona inadequadamente, o que torna vital a ação sistemática do Estado, a fim de corrigir os resultados negativos dessa anomalia.

A correção do problema deve ser feita através dos instrumentos pelos quais o governo normalmente age, como crédito favorecido, isenções fiscais, subsídios, apoio à pesquisa tecnológica, treinamento de mão-de-obra etc. Contudo não teria sentido nem seria viável corrigir o impacto da oferta ilimitada de trabalho em toda a economia. A solução correta consiste em aceitar o livre funcionamento do mecanismo de preços como base das decisões econômicas, excluindo dessa regra setores essenciais para o desenvolvimento.

Estes receberiam vantagens e estímulos suficientes para compensar os efeitos do pagamento de salários a trabalhadores cujo custo de oportunidade fosse muito inferior ao valor da remuneração. E seriam selecionados a partir de diagnóstico que, ao mesmo tempo, definiria meios e modos de apoiá-los e torná-los capazes de desempenhar o papel que lhes cabe na política de eliminação do atraso econômico.

As informações oferecidas pelo diagnóstico devem ser utilizadas para definir estratégia a ser implementada pelo governo. À medida que esta fosse bem-sucedida, o excedente de mão-de-obra irá sendo reduzido com eliminação final da diferença entre o custo real e o custo de oportunidade do trabalho. Feito isso, o livre funcionamento do mecanismo de preços garantiria, por si só, o ótimo econômico, tornando dispensável a ação do governo.

Em suma, no crescimento retardatário, diante do imperfeito funcionamento do mecanismo de preços, decorrente da oferta ilimitada de trabalho, a ação permanente do governo se torna indispensável. Esta pode tomar a forma de planejamento geral da economia ou, simplesmente, de apoio e estímulo a setores fundamentais para levar a bom termo a estratégia econômica escolhida.

Colocando a questão em termos gerais, diríamos que o mecanismo de preços é essencial nas decisões da iniciativa privada, para a qual o custo real, e não o de oportunidade, é relevante. Assim, no exemplo anterior o salário que ela deve pagar é determinado pelo mercado, e não indicado pelo custo de oportunidade. Já em política de desenvolvimento comandada pelo governo, pelo contrário, é o custo de oportunidade que deve ser levado em conta.

A diferença entre custo real e de oportunidade nas economias retardatárias tem, portanto, como primeira consequência, o funcionamento imperfeito do mecanismo de preços com a resultante necessidade de ação sistemática do poder público na economia. Essa distorção tem ainda dois outros corolários negativos em aspectos específicos do desenvolvimento econômico.

Mostramos anteriormente que a disponibilidade de mercado com dinamismo e dimensões adequadas constitui determinante fundamental do sucesso de políticas de eliminação do atraso econômico. Ora, a disparidade entre custo real e custo de oportunidade reduz as dimensões do mercado disponível – tanto do interno quanto do externo. O que exige, novamente, medidas corretoras do governo. No primeiro caso, sob a forma de protecionismo e, no segundo, mediante desvalorização da moeda nacional. A ação governamental nesses dois casos visa apenas corrigir falha de mercado ou, dentro da nomenclatura por nós adotada, falha do mecanismo de preços. No capítulo "Política de longo prazo: a criação da disponibilidade de mercado", mostraremos que, em políticas de desenvolvimento, o protecionismo e a desvalorização cambial devem ter finalidade bastante mais ampla.

Quanto ao mercado interno, é reduzido pelo fato – anteriormente exemplificado – de que investimentos perfeitamente justificáveis no que diz respeito ao custo de oportunidade aparecem como inviáveis no caso de livre funcionamento do mecanismo de preços. As consequências dessa distorção podem ser ilustradas pela experiência brasileira de industrialização.

O pensamento ortodoxo, baseado nas proposições da *mainstream economics*, condenava quaisquer medidas protecionistas no país, por resultarem na produção local de bens de custo real superior ao do produto importado. Uma das alegações era a de que não tinha sentido deixar de produzir café – no que éramos eficientes – para fabricar produtos industriais, caros e de má qualidade. Raciocínio correto quando aplicado ao custo real, mas inaplicável a país subdesenvolvido, pois não leva em conta o baixo valor do custo de oportunidade do trabalho. No que diz respeito a este, o produto brasileiro era perfeitamente competitivo. Ou seja, se estava diante de "falha de mercado" a ser corrigida por medida protecionista.

No que dependesse do livre funcionamento do mecanismo de preços, a industrialização brasileira jamais teria ocorrido. Ela apenas teve lugar em consequência da Grande Depressão dos anos 1930, que, ao derrubar o preço do café, reduziu drasticamente a capacidade do país de importar manufaturas estrangeiras. A confirmação do baixo custo de oportunidade do produto industrial brasileiro foi dada pelo fato de que, contrariamente ao previsto pelos ortodoxos, a atividade manufatureira cresceu rapidamente sem qualquer declínio nas safras agrícolas. Ou seja, o aprofundamento da análise de Lewis permite compreender que a garantia da parcela de mercado interno necessária às políticas de desenvolvimento (deixadas de lado condições anômalas de caráter conjuntural, como as decorrentes da Grande Depressão da década de 1930) depende de medidas protecionistas implementadas pelo Estado.

Esse protecionismo é tecnicamente justificável por estar corrigindo grave falha de mercado e só deve durar enquanto permanecerem imutáveis as consequências da oferta ilimitada de trabalho, com grande disparidade entre os custos real e de oportunidade.

Até aqui, tratamos do mercado interno. Mas problema semelhante pode ser identificado no externo no que diz respeito à taxa de câmbio. Da perspectiva de longo prazo – única relevante para a política de desenvolvimento, como já afirmamos –, a taxa de câmbio entre dois países é determinada pela paridade do poder aquisitivo das respectivas moedas.

Assim, se uma "cesta" de bens vale 100 dólares nos Estados Unidos e é vendida no Brasil por 200 reais, a taxa natural de câmbio entre os dois países, que resulta da livre atuação do mecanismo de preços, tende a ser de 2 reais por 1 dólar. Ela é determinada pelos preços vigentes nos mercados dos dois países. Aqueles, por sua vez, são condicionados pelo custo real dos bens produzidos.

A visão neoclássica condena qualquer interferência do governo e estabelece que a taxa natural de câmbio deve ser estritamente respeitada. Acontece que no mecanismo de preços, que a determina, apenas o custo real é considerado. Vejamos a consequência desse fato na taxa de câmbio.

Suponhamos ser de zero o custo de oportunidade da mão-de-obra no Brasil e que os salários pagos correspondam a 50% do custo da produção do país. Decorre que nossa cesta de bens será cotada pelo dobro do valor efetivo, o qual se faz medir pelo custo de oportunidade. Quanto a este, a cesta de bens americana vale 100 dólares. Isto é, por inexistir naquele país oferta ilimitada de trabalho, o custo real coincide com o de oportunidade. Ou seja, a cesta americana está sendo vendida pelo efetivo valor e a brasileira, pelo dobro dele. Segue que o produto brasileiro fica muito caro para os americanos, desencorajando exportações, e o produto americano, muito barato para os brasileiros, encorajando importações. Na prática, ocorre sobrevalorização da taxa de câmbio brasileira.

Em suma, dada a oferta ilimitada de trabalho nos subdesenvolvidos o mecanismo de preços erra, determinando a sobrevalorização da moeda local. Com o consequente desestímulo às exportações e encorajamento das importações. Para o paradigma para o crescimento retardatário aqui adotado, que considera a disponibilidade de mercado fulcro do processo de desenvolvimento, o livre funcionamento do mecanismo de preços é altamente negativo para os subdesenvolvidos, porque além de reduzir o mercado disponível interno, como vimos anteriormente, dificulta a entrada de produtos locais no mercado estrangeiro e transfere para o fornecedor alienígena parcela significativa do mercado nacional.

A solução do problema depende, mais uma vez, de medidas do poder público que corrijam a sobrevalorização da moeda nacional. No caso dos países asiáticos, quando o governo desvaloriza sua moeda, não está tentando aumentar arbitrariamente a competitividade do produto nacional no mercado externo, tampouco reduzir a competitividade do produto estrangeiro no interno. Apenas corrige uma falha de mercado.

Voltando ao exemplo acima, o governo brasileiro deveria passar a taxa de câmbio para 4 reais por 1 dólar, desvalorizando assim o real. Com isso os americanos poderiam trocar duas cestas brasileiras, valendo 200 reais cada uma, por uma das suas. E os brasileiros teriam de dar duas cestas para obter uma americana. Ou seja, dentro da linha analítica proposta por Lewis, é necessária e justificável a desvalorização da moeda nacional nos países em desenvolvimento. Em outras palavras, trata-se de garantir o mercado externo a que teriam acesso no caso de adequado funcionamento do mecanismo de preços.

No capítulo "Política de longo prazo: a criação da disponibilidade de mercado", mostraremos ser justificável a desvalorização da moeda de países subdesenvolvidos mesmo além do necessário para corrigir essa falha de mercado.

A análise feita até este ponto mostra que o sucesso das políticas de desenvolvimento depende de garantir disponibilidade de mercado adequada. Ora, a ação do governo nos termos descritos aumenta o mercado interno ao proporcionar competitividade a produtos que seriam economicamente inviáveis no caso do livre funcionamento do mecanismo de preços. Fazem o mesmo no mercado externo ao neutralizar a sobrevalorização da moeda nacional, inevitável no livre funcionamento do mecanismo de preços. E o mais importante é que essas iniciativas têm cobertura teórica com base na oferta ilimitada de trabalho no crescimento retardatário, tese que proporcionou o Prêmio Nobel a seu defensor.

Reflexão final nos parece importante. A bem-sucedida experiência de desenvolvimento dos países asiáticos confirma integralmente as conclusões aqui propostas sobre a ação do governo na economia.

De fato, as linhas básicas da política de desenvolvimento desses países obedeceram, fundamentalmente, aos três corolários da análise de Lewis anteriormente propostos. A saber: (a) os países da região registraram ação ampla e sistemática do Estado no estímulo e orientação de suas economias; (b) através de medidas protecionistas eles defenderam contra a concorrência externa as atividades locais; e (c) facilitaram a penetração de seus produtos no mercado externo através de taxas de câmbio que desvalorizavam suas moedas.

PAPEL DO CAPITAL ESTRANGEIRO

A literatura tradicional sobre políticas de desenvolvimento centrava na disponibilidade de poupanças a essência do problema de eliminação do atraso econômico. A questão era colocada nos seguintes termos: poupança significa redução do consumo. Como países subdesenvolvidos já têm padrões de vida excessivamente baixos, essa redução é extremamente difícil. A solução seria, portanto, o investimento estrangeiro.

Esse tipo de raciocínio foi contestado mostrando-se que, se uma economia pobre registra taxa de incremento do PIB superior à da população (o que ocorre normalmente), o problema poderia ser contornado. Exemplificando: em dado país subdesenvolvido a população cresce anualmente 2% e o PIB, 3%. As poupanças, como percentagem deste, poderiam ser rapidamente aumentadas, sem redução do consumo por habitante, se a parcela do produto destinada a este se elevasse anualmente de apenas 2%, reservando-se todo o restante para poupanças.

Essa era, contudo, solução teórica sujeita a sérias dificuldades e resistências. O papel da poupança externa, como complemento das supostamente insuficientes poupanças internas, continuou assim a ser considerado fundamental. Essa percepção vai marcar a estruturação do sistema internacional de apoio ao desenvolvimento. Grande peso foi concedido a organismos financeiros, Banco Mundial, FMI, Banco Interamericano.

Esse tipo de visão, que confere papel fundamental ao capital estrangeiro, levou a que toda política de desenvolvimento fosse definida tendo em conta a fundamental importância de atrair a poupança externa. O que, em última análise, dava ao capital estrangeiro e aos organismos financeiros internacionais a capacidade de ditar as regras que deveriam orientar as políticas econômicas dos subdesenvolvidos. Essa foi a situação que levou, durante quase trinta anos, a América Latina a se curvar diante do Consenso de Washington, com todas as consequências negativas dessa subordinação. O reconhecimento da especificidade do crescimento retardatário permite reavaliar a situação. No caso, o relevante para a análise é o papel fundamental do mercado no crescimento retardatário.

As vantagens alegadas para o uso de capital estrangeiro são de três tipos: a elevação da disponibilidade de poupanças, o fornecimento de divisas para importações e a introdução de novas tecnologias. Analisemos os três.

No que tange a poupanças, mostramos anteriormente que a estratégia correta de desenvolvimento, capaz de garantir ao país mercado de dimensão e dinamismo adequados, o aumento de poupanças ocorre endogenamente. Nos países asiáticos elas chegaram ao nível de 30% a 40% do PIB. E estamos tratando de poupanças internas que, em termos estritos de desenvolvimento econômico, tornam secundária qualquer contribuição de fonte externa. Ou como diz o relatório da Unctad de 2006: "Se as poupanças são consideradas o resultado do crescimento e não sua precondição, a abertura ao capital estrangeiro não é sempre a condição necessária à eliminação do atraso econômico."[2]

Possivelmente mais relevante para mostrar a importância básica do mercado relativamente ao capital estrangeiro é a experiência do Brasil e da América Latina em geral. Relatório da Comissão Econômica para a América Latina e o Caribe (Cepal)[3] já registrava o fato de as grandes entradas de capital estrangeiro na região não darem lugar a aumento proporcional da percentagem de investimentos sobre o PIB. Ou seja, segundo a Cepal, esse ingresso de recursos externos estaria sendo usado para consumo, e não para investimentos. Seu impacto no desenvolvimento seria, assim, nulo ou insignificante. Esse fenômeno revelou-se especialmente claro no Brasil, onde grandes ingressos de poupança externa não determinaram qualquer aumento na taxa média de investimentos, que sempre se mantiveram em torno de 17% do PIB.

O fenômeno é facilmente explicável de acordo com o paradigma aqui proposto para o crescimento retardatário. Não tendo a América Latina conseguido, após o esgotamento do modelo de substituição de importações, definir nova estratégia de desenvolvimento baseada em mercado de dimensões e dinamismos adequados, as oportunidades de investimento permaneceram limitadas. Diante disso, os capitais estrangeiros apenas substituíram (*crowded out*) o capital nacional, sem qualquer acréscimo no volume de investimentos. Bresser-Pereira[4] confirma essa explicação ao mostrar que, toda vez que diminuía a entrada de poupança externa, a poupança interna se elevava para substituí-la.[5] A par disso, ele sublinha que, como os bem-sucedidos países asiáticos obtêm superávit nas suas contas correntes, não importam, mas exportam poupanças. Do ponto de vista de nossa análise, achamo-nos diante de mais uma comprovação de que, nas estratégias de desenvolvimento, a condicionante principal é a disponibilidade de mercado, e não de poupanças.

No que se refere à garantia das divisas necessárias para importação, é fácil mostrar que a disponibilidade de mercado é também o fator relevante. Os dois modelos básicos de desenvolvimento são o baseado nas exportações (crescimento para fora) e o viabilizado pela substituição de importações (crescimento para dentro).

No primeiro deles, o crescimento é tanto mais acelerado quanto mais elevadas são as exportações. E a disponibilidade de divisas cresce, obviamente, no mesmo ritmo que as exportações. Assim sendo, se existe mercado externo capaz de garantir o crescimento, surgirão automaticamente as divisas, ou cambiais, no volume requerido para sustentação do processo dinâmico. Problemas de divisas só ocorrerão quando não houver mercado externo de dimensões adequadas à disposição dos exportadores. Ou seja, o problema não é, a rigor, de falta de divisas, mas de insuficiência de mercado. Resultante em última análise de não se ter equacionado corretamente o problema do desenvolvimento.

O mesmo tipo de raciocínio vale para o caso do crescimento para dentro. O modelo de substituição de importações, se não eleva a disponibilidade de divisas, economiza as já existentes quando dispensa importações, pois há produção interna equivalente. Esse tipo de crescimento só se manterá enquanto existirem importações substituíveis. E enquanto isso ocorrer poderão ser economizadas divisas no montante requerido pela política de desenvolvimento. Quanto mais acelerado for aquele, maior será o volume de divisas economizadas. A escassez destas só ocorrerá ao se esgotar o estoque de importações substituíveis. Nesse caso, a economia estagnará não por falta de divisas, mas por inexistência de mercado. Resolvido o problema deste, estará também solucionado o problema da escassez de divisas.

Por fim, resta a questão da tecnologia. Nos processos de desenvolvimento o essencial são as tecnologias maduras. Estas se acham largamente disponíveis no mercado internacional e são facilmente obtidas mediante o pagamento de *royalties*. Como nos dois modelos de crescimento as divisas são automaticamente geradas, haverá sempre moeda estrangeira para adquirir tecnologias. Ou seja, sua obtenção independe da entrada de capital estrangeiro.

Em fase mais avançada do desenvolvimento, tecnologias de ponta se farão necessárias para proporcionar competitividade internacional à produção do país. E estas não se acham disponíveis no mercado externo, pois ninguém as fornece a potenciais concorrentes, e devem, por definição, ser geradas internamente. Recursos para tanto serão proporcionados pelo aumento endógeno das poupanças.

Existe, sem dúvida, a possibilidade de recusa arbitrária pelos desenvolvidos de fornecer mesmo tecnologia madura. A experiência concreta mostra que, também aqui, não há problema: elas podem simplesmente ser copiadas, independentemente da licença dos detentores de patentes. É a facilidade de cópia, aliás, que leva os países desenvolvidos a defenderem suas patentes através de legislação internacional e todo tipo de pressão sobre as economias atrasadas. Na prática, a escolha para eles se dá entre fornecer voluntariamente as tecnologias maduras, recebendo *royalties*, ou vê-las plagiadas sem qualquer pagamento.

Como conclusão esclarecemos que a análise feita neste capítulo não tem o fito de negar a importância do capital estrangeiro para políticas de desenvolvimento. O que se faz aqui é recusar o papel central que se pretendeu lhe conceder, transferindo-lhe o comando das políticas de desenvolvimento das economias retardatárias.[6]

A fim de bem se compreender a contribuição do capital estrangeiro para o desenvolvimento, é oportuno recapitular a experiência chinesa, caso mais notório de sucesso em políticas de desenvolvimento. A China é um importante exportador líquido de poupança, conforme atestam seus grandes superávits na balança de transações corrente. E, ao mesmo tempo, destaca-se como receptor de capital estrangeiro. O que acontece aí pode ser explicado com o seguinte exemplo.

Suponhamos que uma empresa americana decida investir cem milhões de dólares para abrir filial na China. O governo chinês recebe essa quantia, dando em troca soma correspondente em moeda local. Porém, em vez de utilizar os dólares recebidos para importações, eleva suas reservas cambiais em igual montante. Na prática, devolve a poupança aos Estados Unidos através da compra de títulos da dívida pública americana.

A China aceita a empresa estrangeira porque ela pode colaborar para o desenvolvimento do país com investimentos em setores que o empresariado local hesita explorar, seja por falta de experiência, seja por escassez de mão-de-obra treinada ou *know-how* tecnológico. Ou seja, setores cuja implantação só poderia ser assumida pela iniciativa privada local em prazo mais longo e com riscos maiores.

Esse aspecto é sublinhado no relatório do Banco Mundial (2008), *The growth report*:

> Tanto quanto o dinheiro, o investimento estrangeiro direto pode trazer familiaridade com as técnicas estrangeiras de produção, mercados externos e cadeias internacionais de oferta. [...] Nos países em desenvolvimento o investimento estrangeiro é uma pequena fração do investimento total. Mas, por causa da transferência de conhecimento que normalmente leva com ele, sua importância é muito maior do que sua pequena contribuição para o investimento total.[7]

Além disso, a experiência demonstra que a implantação de empresas estrangeiras facilita e estimula a criação de empreendimentos nacionais no mesmo setor.

Em suma, posto que o capital estrangeiro não tenha a vital importância alegada pela *mainstream economics*, pode contribuir eficazmente para o desenvolvimento ao facultar e acelerar o ingresso do país em novos setores.

Finalmente é importante assinalar que, para o capital estrangeiro registrar contribuição efetiva, deve ser aceito no âmbito de estratégia de desenvolvimento a fim de evitar que, como vem acontecendo atualmente, apenas substitua o capital nacional. O relatório da Unctad de 2006 coloca bem a questão. Segundo ele:

A experiência empírica aponta para a considerável variação dos benefícios que os países receptores de fato colhem da entrada de investimentos estrangeiros, dependendo de como esses investimentos são integrados em mais ampla estratégia de desenvolvimento e na medida em que os interesses negociais do investidor estrangeiro e os objetivos nacionais de desenvolvimento podem ser conciliados. Capacidades fracas de regulação e negociação dos governos dos países receptores podem resultar em distribuição desigual de vantagens ou em abuso do poder de mercado das empresas transnacionais, levando à expulsão (*crowding out*) do investimento doméstico.[8]

NOTAS

1 Para simplificar, nos referiremos sempre a custo, e não a preços, supondo assim igualdade entre ambos.

2 UNCTAD, Trade and Development Report, New York, UNCTAD, 2006, p. 143.

3 CEPAL, América Latina y el Caribe: políticas para mejorar la inserción en la economia mundial, CEPAL, Santiago do Chile, 1995.

4 L. C. Bresser-Pereira, Macroeconomia da estagnação, São Paulo, Editora 34, 2007.

5 Em Bresser-Pereira (2008) se estima em 100% o nível de substituição do capital nacional pelo estrangeiro no Brasil.

6 Através da imposição das regras do Consenso de Washington por parte do FMI e do Banco Mundial e do esforço geral do país para obter o *investment grade*.

7 Banco Mundial, The Growth Report, Strategy for Sustained Growth and Inclusive Development Comission on Growth and Development, Washington, Banco Mundial, 2008, p. 42.

8 UNCTAD, op. cit., p. 13.

POLÍTICA DE CURTO PRAZO: A ESTABILIDADE MONETÁRIA

A política econômica em países subdesenvolvidos deve ter como objetivo de curto prazo o controle das pressões cambial, monetária e fiscal, sem que isso signifique comprometer o desenvolvimento. Durante o processo de crescimento acelerado, indispensável para eliminar o atraso econômico, a pressão que oferece maiores riscos é a monetária. Se não neutralizada adequadamente, pode se transformar em inflação aberta.

Dentre as medidas recomendáveis para desenvolvidos e subdesenvolvidos, as que dizem respeito a políticas de estabilização monetária são as que diferem mais radicalmente. Portanto, nossa análise aqui se restringirá a elas.

A tomada de posição sobre o significado do surto inflacionário em políticas de desenvolvimento deve ser considerado ponto focal na criação de um paradigma ajustado ao crescimento retardatário. Constitui, portanto, tarefa prioritária do desenvolvimentismo keynesiano. Entre outros motivos porque, na atual experiência brasileira, o controle da inflação, com base nas receitas neoclássicas, tem entrado em choque direto com o desenvolvimento do país. Donde o consenso, entre críticos da política econômica em curso, de que as altíssimas taxas de juros e a sobrevalorização cambial constituem dois empecilhos básicos à retomada do crescimento acelerado.

Ora, as duas medidas são usualmente defendidas como indispensáveis ao controle inflacionário. Os juros altos, ao reduzirem a demanda global, tanto de bens de investimento quanto dos de consumo. E a sobrevalorização, ao baratear os artigos importados. Reverter a percepção que se tem delas não será fácil, porque a inflação foi demonizada no país, virtualmente inviabilizando qualquer discussão racional sobre seus efeitos e sua relação com o rápido incremento do PIB.

O problema resultou, antes de mais nada, do caos econômico provocado pela hiperinflação desencadeada no fim dos anos 1970. A situação viu-se ainda agravada pelo fato de, depois do sucesso do Plano Real, o governo não ter conseguido recolocar o país no caminho do desenvolvimento. Para justificar esse fato, procurou valorizar o equilíbrio monetário, justificando a falta de medidas destinadas a arrancar o país da semiestagnação pela necessidade de preservar os ganhos do plano.

Essa distorção vai ser consolidada quando, em 2002, às vésperas de se inaugurar novo governo, a inflação acelera ficando conforme o índice adotado, entre 13% e 26%. Segundo Mercadante,[1] importante formador de opinião da nova administração: "A ameaça de descontrole inflacionário embutida nesses dados – e muito mais evidente na evolução dos índices de preços no último trimestre de 2002 – obrigou o [...] governo a adotar medidas severamente restritivas." Generalizou-se, com isso, a interpretação de que a equipe instalada no Ministério da Fazenda e no Banco Central salvara o país de repique hiperinflacionário, recebendo daí por diante plenos poderes para evitar a repetição desse risco.[2]

Ou seja, toda a política econômica do país passou a girar, desde 1995, em torno do objetivo único de preservar a estabilidade monetária, a qualquer preço, incluído aí o sacrifício do desenvolvimento.

A tese de oferta ilimitada de mão-de-obra nos países subdesenvolvidos, patrocinada pela economia do desenvolvimento, dá cobertura teórica à colocação do surto inflacionário nos subdesenvolvidos em termos inteiramente novos e indica meios e modos de compatibilizar estabilidade monetária com crescimento acelerado. Abordaremos a questão a seguir.

INFLAÇÃO E CRESCIMENTO ECONÔMICO

Antes de entrarmos diretamente no exame das causas da inflação e na definição das políticas de estabilização monetária, é necessário mostrar a inaplicabilidade aos desenvolvidos de uma das teses principais da teoria neoclássica. Com base na chamada "teoria das expectativas racionais", os neoclássicos afirmam não ter a inflação qualquer efeito sobre a economia real. Nas linhas abaixo, mostrar-se-á por que a teoria das expectativas racionais não é válida para as economias subdesenvolvidas, o que tem importantes implicações na definição de políticas anti-inflacionárias para esses países. Recapitulemos.

A análise das relações entre inflação e crescimento econômico deve começar por Keynes, segundo quem, na existência de desemprego, políticas expansionistas resultam em elevação do PIB, sem aumento de preços. Na existência de pleno emprego, estas têm como consequência a subida de preços sem incremento do PIB. Ou seja, nesse caso, o crescimento seria puramente nominal. O importante para nossa análise é que o pleno emprego constitui barreira intransponível ao crescimento do PIB. Tentativas de ignorar esse limite resultam somente em inflação, sem qualquer ganho real.

Essa posição se modifica por conta da chamada Curva de Phllips que, com base em dados estatísticos disponíveis, mostrava a relação entre aumento de preços e emprego. Segundo o autor que deu nome à análise, políticas expansionistas que provocassem surto inflacionário poderiam baixar o nível natural de desemprego e, portanto, elevar o PIB.

O nível natural de desemprego é constituído, fundamentalmente, por trabalhadores novos que se apresentam ao mercado ou pelos que mudam de atividade. Existe, portanto, mesmo em situação que se poderia considerar tecnicamente de pleno emprego. Se é possível baixar o desemprego natural por medidas expansionistas de caráter inflacionário, conclui-se que a inflação pode acelerar o crescimento. Pelo que diz respeito a nossa análise, podemos descrever o mecanismo implícito na Curva de Phillips da seguinte maneira: a inflação baixa o salário real, o que resulta na elevação dos lucros; esta, por sua vez, encoraja novos investimentos, aumentando o PIB e o emprego.

Ao objetar essa ideia, a visão ortodoxa afirmou a princípio que o resultado era exclusivamente de curto prazo, uma vez que os trabalhadores prejudicados, ao perceberem sua perda, exigiriam reajustamentos salariais para recuperar o poder aquisitivo. Desapareceriam, assim, as condições determinantes da elevação de investimentos. Esse tipo de reação foi prevista pela teoria das expectativas adaptativas, segundo a qual a experiência passada é levada em conta pelos agentes econômicos em sua tomada de decisão. No caso em exame, os trabalhadores seriam, primeiro, surpreendidos pela inesperada elevação de preços. Mas logo se adaptariam à nova situação através do reajuste.

Ainda de acordo com a teoria das expectativas racionais – que, diga-se de passagem, representa um passo adiante em favor da ortodoxia –, os agentes econômicos orientam também suas decisões pela antecipação dos resultados das políticas oficiais. Tão logo tomam conhecimento destas, adotam medidas defensivas que anulam distorções como, por exemplo, as resultantes da inflação. No exemplo dado anteriormente, isso se traduziria da seguinte forma: prevendo a elevação de preços, os trabalhadores exigiriam compensações à inflação futura (ou escala móvel de salários).

Portanto, só haveria perda salarial caso o sindicato dos trabalhadores fosse excepcionalmente surpreendido pelo surto inflacionário.

Dentro dessa percepção, a inflação não exerce qualquer impacto na economia real. Acontece que os teóricos das expectativas racionais não levaram em conta o fato de que não basta prever evolução futura desfavorável, mas é indispensável ter-se o poder de negociação necessário para neutralizá-la. E a esse respeito existe diferença fundamental entre países desenvolvidos e subdesenvolvidos.

Nos primeiros, dado que o trabalho é fator escasso, os sindicatos têm elevado poder de negociação. Este atinge seu ponto máximo em situações de pleno emprego, em que as empresas têm dificuldade para substituir trabalhadores e os eventuais desempregados encontram facilmente nova ocupação.

Nos países subdesenvolvidos, pelo contrário, dada a existência de oferta ilimitada de trabalho, o poder de negociação dos sindicatos é pequeno. A par disso, o desencadeamento de surto inflacionário significa ter-se chegado não ao pleno emprego – que elevaria seu poder de negociação –, mas à plena capacidade. Ou seja, no concernente à inflação, a teoria das expectativas racionais não tem validade para economias atrasadas. Pelo que a espiral de preços assume, nelas, características muito diferentes das observadas nas economias maduras. Ela tem impacto real na economia sendo os principais o declínio do poder aquisitivo dos salários e a geração da chamada poupança forçada monetária.

Em processos inflacionários, os preços sobem constantemente e as revisões salariais são periódicas. No Brasil das três décadas posteriores à Segunda Guerra Mundial, a inflação anual média era de 20%, com revisões salariais somente a cada doze meses. Como consequência, os salários reais diminuíam e os lucros se elevavam. Dado que os receptores de lucros poupam mais que os assalariados, surge poupança suplementar, que recebe o nome de poupança forçada monetária. Essa diferença entre desenvolvidos e subdesenvolvidos se acha registrada nos gráficos 1 e 2 do capítulo "Crescimento clássico e crescimento retardatário".

Começaremos por examinar as duas concepções básicas existentes na literatura econômica sobre o processo inflacionário. Em seguida, com base em exemplos aritméticos, mostraremos como a inflação é inteiramente diferente em países desenvolvidos e subdesenvolvidos, graças ao fato de, nos primeiros, ser a mão-de-obra escassa, enquanto nos segundos ela é superabundante. Por fim, recapitularemos as explicações propostas por economistas heterodoxos brasileiros para a inercialidade da inflação em países subdesenvolvidos.

O primeiro ponto a ser estabelecido é o da existência de duas concepções sobre as causas da inflação. A primeira, aceita pela *mainstream economics*. A segunda, de caráter heterodoxo.

Segundo a *mainstream economics*, a espiral de preços pode ter duas origens: elevação dos custos ou da demanda. Para que o aumento inicial se transforme em processo inflacionário é indispensável que seja sancionado pela elevação da moeda. Assim, a inflação poderia ser definida da seguinte forma: elevação cumulativa de preços determinada por aumento – seja de custos, seja de demanda –, sancionado pelo acréscimo das disponibilidades monetárias.

O aumento da moeda é indispensável para que a elevação inicial de custos ou demanda dê lugar ao aumento contínuo de preços, característico da inflação. Na prática, os defensores dessa concepção do processo inflacionário tomam a condição como causa e, dentro de visão fundamentalmente neoclássica, tendem a considerar a inflação como resultante, pura e simplesmente, da excessiva elevação das disponibilidades monetárias.[3]

Segundo o enfoque heterodoxo, a inflação resulta da disputa dos agentes econômicos em torno do PIB. A colocação da espiral de preços nesses termos já havia sido proposta por Holzman[4] e Aujac.[5] A definição de Le Bourva[6] constitui, porém, a melhor contribuição desse enfoque. Segundo ele, a inflação seria:

> Processo cumulativo de aumento de preços que resulta, durante um período, do combate monetário levado adiante pelos diversos agentes

econômicos para manter, ou aumentar, sua renda real ou capital real, enquanto a massa global dos bens disponíveis é insuficiente para satisfazer, simultaneamente, todas as exigências.[7]

É importante assinalar que na primeira concepção, e não na segunda, há referência expressa ao aumento da moeda, o que sublinha a diferença entre as duas visões do problema. Enquanto a inflação, nos termos definidos pela *mainstream economics*, pode ser considerada como resultado do excessivo aumento da moeda, na visão heterodoxa esse aumento constitui efeito, e não causa da espiral de preços. Assim, no decurso do combate monetário entre os agentes econômicos ocorre constante elevação de preços, salários e outras remunerações. O governo se vê, assim, diante das opções de ou sancionar esses aumentos por acréscimo proporcional da moeda ou aceitar grave crise de liquidez. A primeira é sempre a preferida.

A tese defendida neste livro é que a inflação da primeira modalidade é característica das economias desenvolvidas e as da segunda, típica das economias retardatárias. A diferença resulta de existir nestas últimas, e não nas primeiras, oferta ilimitada de trabalho. Modelos aritméticos simples mostrarão o que acontece nos dois casos.

Alguns pontos preliminares devem ser estabelecidos. Na análise simplificada a seguir, serão considerados somente os três agentes econômicos básicos: governo (G), trabalhadores (T) e empresas (E). Supor-se-á, igualmente, a existência de pleno emprego e moeda como unidade homogênea.

A especificidade da inflação nos desenvolvidos resulta de que neles o trabalho é o fator escasso, ou seja, (a) não vale o pressuposto de Lewis de crescimento em condições de oferta ilimitada de mão-de-obra, e (b) é plenamente válida a tese das expectativas racionais para todos os agentes, inclusive o T. Estas podem, assim, ser eficazmente utilizadas para neutralizar a tentativa de outros agentes de elevar sua participação no PIB. Nesse contexto, as pressões inflacionárias têm consequências, exigindo pronta intervenção do poder público. Ilustraremos a questão através do exemplo a seguir.

Suponhamos que, em determinado momento, o PIB de país desenvolvido encontre-se repartido da seguinte forma:

Agente G 20%
Agente E 20%
Agente T 60%

Suponhamos, em seguida, que o agente E procure aumentar sua participação no PIB através de maiores preços de seu produto, o que, em princípio, elevaria sua fatia para 30%. Teríamos, então, hipoteticamente, o seguinte quadro distributivo.

Agente G 20%
Agente E 30%
Agente T 50%

Acontece que os outros dois agentes, através de suas expectativas racionais, percebem a manobra e reajustam suas remunerações de forma a preservar sua própria participação no PIB. Portanto, a situação real permanece a mesma do primeiro exemplo com a participação de 60% do agente T e 20% do E, tendo este frustrada a tentativa de elevar sua participação no PIB.

Dois pontos importantes devem ser sublinhados. O primeiro deles é que, pelo menos nas condições simplificadas aqui admitidas, a inflação não tem qualquer impacto real na economia de países desenvolvidos, no que diz respeito à elevação de emprego e crescimento. Isso porque, com base em suas expectativas racionais, os agentes econômicos reagem mantendo a situação existente.

O segundo ponto é que a inflação nos desenvolvidos, se não prontamente controlada, tende à rápida aceleração. O que se explica pelo fato de todos os agentes econômicos terem instrumentos eficazes para defender sua participação no PIB. Diante disso eles reagem às pretensões do agente E, elevando imediatamente suas próprias remunerações. Se, para alcançar a participação desejada no PIB, o agente E faz nova elevação de preços, a tentativa será, mais uma vez, frustrada pela reação dos outros dois agentes.

Insistindo na sua reivindicação, o agente E realizará aumentos de preços cada vez mais rápidos seguidos de reação defensiva de T e G no mesmo ritmo. Surge, assim, a ameaça de processo hiperinflacionário, normalmente frustrado pela recusa do governo de sancionar a disputa em torno do PIB através da elevação da moeda.

Significado e causas da inflação são diferentes em países desenvolvidos e subdesenvolvidos. A distinção resulta da existência de oferta ilimitada de trabalho em um e não no outro.

A oferta ilimitada de mão-de-obra, ao enfraquecer o poder de negociação dos sindicatos de trabalhadores nos países subdesenvolvidos, vai transformar a inflação numa disputa em torno do PIB. Ou no que os heterodoxos brasileiros chamam de inflação "inercial".

Retomando o exemplo anterior, teríamos, no momento inicial, a seguinte situação em país subdesenvolvido:

Agente G 20%
Agente E 20%
Agente T 60%

O agente E eleva preços para aumentar sua fatia do PIB (isso poderia igualmente ocorrer com o G através da elevação de impostos). O agente T, diante da oferta ilimitada de mão-de-obra, não tem poder de negociação necessário para defender-se. O quadro passará a ser o seguinte:

Agente G 20%
Agente E 30%
Agente T 50%

O primeiro ponto a ser estabelecido é que, na experiência concreta de países subdesenvolvidos, não se pode afirmar que T tenha sido surpreendido pela inflação. Se tal fosse o caso, não seria afetada a validade da teoria das expectativas racionais para esses países. A hipótese da surpresa não pode ser aceita. No Brasil, por exemplo, durante os 25 anos posteriores à Segunda Guerra Mundial, a espiral de preços girava, sistematicamente, em torno da média anual de 20%. O agente T não podia deixar de ter a expectativa racional de que sua remuneração voltaria a se reduzir gradualmente logo após cada reajustamento. Nem por isso conseguiu se defender através da exigência de medidas como a escala móvel de salários. Os reajustamentos de salários eram de periodicidade anual. Mesmo no período hiperinflacionário brasileiro, quando a espiral de preços chegou a 80% ao mês, esses reajustamentos foram apenas mensais. E, ainda assim, ocorreram essencialmente por decisão governamental, e não por imposição dos sindicatos.

Ou seja, diferentemente do que sucede nos países desenvolvidos, a inflação toma a forma do "combate monetário" descrito por Le Bourva. Isto é, elevações de preços periodicamente compensadas por reajustamentos salariais numa alternância que se prolonga indefinidamente.

A espiral de preços nos subdesenvolvidos apresenta dois outros aspectos que devem ser sublinhados. Em primeiro lugar, a inflação, diferentemente do que acontece nos desenvolvidos, tem impacto real na economia, ao criar poupança forçada monetária, utilizável em novos investimentos e, portanto, no aumento do emprego.

A segunda diferença está em que, contrariamente ao que sucede nos desenvolvidos, um somatório de reivindicações dos agentes econômicos superior ao PIB não resulta em explosão hiperinflacionária, dado que a incompatibilidade entre o total das reivindicações e o tamanho do PIB é resolvida pelo do declínio na participação do agente T.

Evidentemente esse declínio é somente provisório, sendo seguido por reajustamento de salários, compensando a inflação passada, o que determina nova elevação de preços pelo agente E, em constante alternância na elevação de salários e preços. É a chamada inflação inercial diagnosticada pelos heterodoxos brasileiros, que tentaram explicar essa inercialidade de maneira curiosa, culpando os sindicatos de trabalhadores por jamais conseguirem defender o poder aquisitivo dos salários.

Lopes[8] vai recorrer a Keynes, que, na sua Teoria Geral, enfatiza o comportamento irracional dos assalariados, assinalando que eles deveriam se interessar pelos salários reais, mas, na prática, se concentram na defesa dos nominais. Aceitam, assim, a queda dos salários reais, resultante de uma elevação geral de preços, e não de uma redução no salário nominal. Segundo Lopes, vamos encontrar algo parecido na experiência brasileira. O trabalhador luta pelos salários de pico (quer dizer, aqueles que por ocasião de novo reajustamento compensam integralmente a inflação passada), e não pela manutenção dos níveis reais de salários.

Em Arida e Rezende[9] se esboça outro tipo de explicação. Os trabalhadores defendem não seus níveis reais de salários, mas seus níveis relativos. Isto é, avaliam o que recebem, não em termos absolutos, mas mediante comparação com o auferido por outras categorias de assalariados. Diante disso, ao se acelerar a inflação, não surgem reivindicações para reajustamentos em períodos mais curtos porque as perdas são gerais, não alterando as posições relativas. Esse comportamento explica por que os trabalhadores não se preocupam com a inflação posterior aos reajustamentos salariais. Ela é irrelevante porque atinge a todos igualmente.

Bacha[10] reconhece que não dispõe de explicação satisfatória para a aceitação implícita pelos sindicatos da perda sistemática do poder aquisitivo de suas remunerações. Propõe, apesar disso, explicação diferente da simples ilusão monetária.

Em suas palavras:

> Após um período de aprendizado, os sindicatos avaliam racionalmente que de nada adianta elevar os salários acima da inflação passada, ou reduzir a periodicidade dos ajustes salariais, porque isso apenas resultaria em mais inflação. O fato de os empresários deterem o controle sobre a fixação de preços e o governo, por sua política monetária, validar esse controle frusta qualquer reivindicação sindical.[11]

Segundo Bacha os sindicatos mantêm, apesar disso, suas reivindicações, porque o governo pode alterar as regras do jogo, congelando preços ou adotando política monetária restritiva. Nesse caso, poderiam obter a renda real desejada. Isso porque os salários, como acontece normalmente, seriam reajustados para compensar a inflação passada, e como não ocorre inflação futura eles permanecerão nesse nível, tal como desejam os sindicatos.

Nenhuma dessas três explicações é satisfatória porque ignoraram a oferta ilimitada de trabalho nas economias retardatárias, tal como diagnosticado pela economia do desenvolvimento tradicional. Levando em conta essa oferta ilimitada, torna-se fácil interpretar o comportamento dos sindicatos. Eles, como consequência do seu débil poder de negociação, revelam-se incapazes de defender adequadamente o poder aquisitivo de suas remunerações. O que não acontece nos desenvolvidos, onde os sindicatos são fortes, fato incompatível com a inercialidade da inflação, tal como definida pelos economistas heterodoxos brasileiros.

Em suma, a incapacidade dos heterodoxos de apontar as causas da inercialidade constitui mais uma comprovação da importância para o desenvolvimentismo keynesiano de ter como seu ponto de partida as teses da economia do desenvolvimento.

ESTABILIZAÇÃO MONETÁRIA EM DESENVOLVIDOS E SUBDESENVOLVIDOS

Na presente seção começaremos por recapitular sucintamente as políticas de estabilização monetária usualmente adotadas em países desenvolvidos, passando em seguida a mostrar por que, nos subdesenvolvidos, a estabilidade de preços deve ser obtida através de políticas de rendimento. Feito isso, serão examinadas as consequências negativas, de curto e longo prazo, da adoção em países subdesenvolvidos de políticas anti-inflacionárias ortodoxas. Para concluir, explicaremos por que a tentativa de se conter no Brasil a espiral de preços através da elevação da taxa de juros poderá ter resultados diametralmente opostos aos desejados. Erro que será sublinhado através de confronto com o que sucedia na vizinha Argentina.

Escapa aos limites deste livro aprofundar as políticas utilizadas para estabilizar preços nos países desenvolvidos. Uma breve recapitulação permite, todavia, mostrar a diferença entre estas e as recomendáveis para países subdesenvolvidos.

Em país desenvolvido, no caso da inflação de demanda, são aconselháveis medidas de tipo monetário e fiscal, destinadas a eliminar o excesso de demanda. No caso da inflação de custos, a ação correta consiste em eliminar as causas do aumento destes. Na hipótese, por exemplo, de quebra da safra agrícola, o recomendável seria adotarem-se medidas como: importação dos produtos escassos, redução de exportações, desmobilização dos estoques disponíveis, crédito agrícola para safras futuras e assim por diante.

Na prática atual dos países desenvolvidos, o instrumento largamente utilizado é, no entanto, elevar a taxa de juros. O que se explica por sua eficácia, mesmo no caso da inflação de custos, pois compensa pressões altistas decorrentes do crescimento destes pela redução da demanda global. Como consequência, a elevação de preços resultante de maiores custos é compensada por queda – ou elevação mais lenta – de preços em outros setores.

Outro motivo para a utilização da taxa de juros é que a ação direta para reduzir custos depende de vários órgãos da administração pública e seus efeitos são, frequentemente, apenas de médio ou longo prazos.

Quanto à preferência pela taxa de juros relativamente à política fiscal, decorre de esta última se defrontar com todo tipo de resistências políticas, o que não acontece com a elevação da primeira, sobretudo quando é de responsabilidade de banco central independente. Outro aspecto importante é que seu aumento sinaliza a decisão do governo de adotar política anti-inflacionária, o que, através das expectativas racionais, leva os demais agentes a adotarem comportamento ajustado a tal objetivo.

Como nos subdesenvolvidos a inflação toma a forma de disputa em torno do PIB, a forma de corrigi-la é mediante política de rendimentos que coloque o somatório das reivindicações dos agentes econômicos em nível compatível com as dimensões do PIB. Isso pode representar negociações extremamente longas e difíceis. Contribuição importante dos ortodoxos brasileiros foi a de definir fórmula capaz de contornar o problema da incompatibilidade das reivindicações dos agentes econômicos com as dimensões do PIB. Sua proposta foi de colocar a remuneração destes, nos seus níveis reais médios. Como a média das remunerações representa o que os agentes efetivamente recebem, seu somatório é por definição igual ao PIB. Essa foi a fórmula adotada no Plano Real.

Exemplifiquemos com a evolução dos salários reais. Em inflação de 20% ao ano, salário de 1.000 declina para 800 até novo reajustamento (supostamente anual) que o recoloca no nível inicial. Sua média é, portanto, de 900. A proposta heterodoxa é colocá-los nesse patamar. Algo semelhante se faria com a remuneração dos demais agentes (aluguéis, lucros, mensalidades escolares, tarifas de serviços públicos etc.). Esse tipo de programa não encontra maiores resistências porque, se não proporciona a reivindicação de 1.000 dos assalariados, pelo menos mantém sua efetiva participação no PIB. Apenas sem as flutuações entre um máximo e um mínimo.

A imposição de remunerações nos níveis reais médios elimina, por si só, a causa básica da espiral de preços em país subdesenvolvido. Medidas complementares, como a elevação da taxa de juros e política fiscal eliminando o déficit orçamentário, são também usualmente adotadas. Seu objetivo é evitar que, por exemplo, o agente E, através de recurso ao crédito, e o agente G, mediante déficits orçamentários, desrespeitem a política de rendimentos, relançando o processo inflacionário. Essas são, portanto, medidas de caráter secundário que visam apoiar o instrumento principal. Este, por sua vez, consistente em colocar a remuneração dos agentes econômicos nos seus níveis reais médios.

Ao se propor a política de rendimentos como forma de conter a inflação, não se está negando que o mesmo resultado poderia ser conseguido com medidas ortodoxas que reduzissem a disponibilidade de moeda. Vimos, de fato, que a causa básica da inflação nos subdesenvolvidos é a incompatibilidade entre as reivindicações dos agentes econômicos e o tamanho do PIB. A disputa por maior participação deve, contudo, ser viabilizada por aumento da moeda. Na política anti-inflacionária ortodoxa, a expansão da moeda é contida, inviabilizando a disputa em torno do PIB. Donde é possível utilizá-la na estabilização de preços. Porém, tal resultado é obtido ao custo de impactos negativos de curto e longo prazos.

No que se refere ao primeiro, a explicação é simples. Instalada a disputa em torno do PIB, o governo tem duas opçções: ou sancioná-la com aumento da moeda, ou aceitar uma crise de liquidez. A fórmula ortodoxa de controle da inflação sugere a segunda alternativa como método para obter-se a estabilidade monetária.

O fato se confirma ao analisarmos a experiência brasileira. Os dois planos heterodoxos, Cruzado e Real, contiveram a inflação (ainda que, no caso do primeiro, durante pouco tempo), permitindo ao mesmo tempo significativo incremento do PIB no primeiro ano de sua aplicação. Já o Plano Collor, de inspiração ortodoxa, determinou redução de cerca de 4% do PIB.[12]

Para a abordagem de longo prazo, o problema gira em torno da poupança forçada monetária. Esta resulta de, no curso de processo inflacionário, declinar o salário real de 1.000 para a média de 900, com o correspondente aumento de lucros, os quais geram mais poupança que os salários. No caso de plano de estabilização heterodoxo, o salário real é colocado no seu nível real médio de 900, com a transformação da poupança forçada monetária em poupança voluntária (no sentido de não depender da inflação), portanto sem perda da capacidade de investimento da economia.

No esquema ortodoxo, ignora-se o problema da poupança forçada, eliminando-se a inflação através do controle da moeda. Sucede, então, o seguinte: quando chegar o momento, novo reajustamento salarial compensará a inflação passada, repondo o salário no patamar de 1.000. Como não existe inflação posterior, permanece aí, o que significa uma elevação de cerca de 10% na remuneração dos trabalhadores. Como estes poupam pouco ou quase nada, o nível global de poupanças do país declina.

Outra consequência negativa de políticas de estabilização ortodoxa que não levem em conta a realidade dos subdesenvolvidos é a excessiva elevação da taxa de juros. Conforme mostramos anteriormente, essa elevação constitui na fórmula ortodoxa o instrumento básico de estabilização de preços. Como se ignora a disputa em torno do PIB, o aumento dos juros deve ser considerável e, paradoxalmente, acaba se transformando na causa principal da instabilidade de preços. Vejamos o que acontece na experiência brasileira.

O processo inflacionário nos subdesenvolvidos ocorre quando as reivindicações dos agentes econômicos ultrapassam o montante do PIB. Portanto, identificá-los é a primeira tarefa dos orientadores de política anti-inflacionária. Conforme se aceitou nos exemplos aritméticos anteriores, são eles: o governo, os trabalhadores e as empresas.

Na realidade presente de semiestagnação crônica da economia brasileira, com surtos de crescimento logo interrompidos (do tipo *stop and go*), as empresas carecem de poder de negociação para impor excessiva participação no PIB. Os trabalhadores, diante de taxa de crescimento incapaz sequer de absorver toda a mão-de-obra que se apresenta anualmente ao mercado, se acham na mesma situação. Resta ao governo, portanto, o possível papel de responsável pela pressão inflacionária superabundante.

Esse fato, aliás, foi reconhecido pelos analistas, que a partir daí julgaram encontrar seu causador na previdência social. Os gastos desta (como percentagem do PIB) superam de duas ou três vezes os registrados em outros países subdesenvolvidos, é verdade, mas não são excessivos nem injustificáveis. Decorrem de causas como o envelhecimento da população brasileira e a necessidade de oferecer aposentadoria aos trabalhadores rurais, apesar de eles jamais terem contribuído.

A explicação correta para a elevada participação dos gastos da previdência no PIB não é uma suposta liberalidade nas aposentadorias, mas a semiestagnação econômica que se prolonga desde 1980. Segundo estimativas disponíveis, se o PIB brasileiro tivesse mantido o ritmo de crescimento registrado nas três décadas anteriores a 1980, seria hoje de duas a três vezes mais elevado. E, consequentemente, os gastos da previdência se reduziriam na mesma proporção. Ou seja, o problema decorre não de esses terem crescido muito, mas de o PIB ter se elevado pouco. Examinando as demais despesas públicas, não será difícil constatá-lo.

A taxa básica de juros brasileira é reconhecidamente a maior do mundo em termos reais. Utilizada para remunerar os detentores de títulos da dívida pública, implica em despesa correspondente a 7% do PIB. Um excesso, porque ultrapassa gastos em setores de vital importância, como saúde, educação e segurança, e é dez vezes maior que a exigida pelo Bolsa Família, principal programa social do governo.[13] Além disso, não se justifica, já que países com nível de inflação igual ou inferior ao nosso adotam taxas de juros duas ou três vezes menores.

Ou seja, por fazer uso de uma política econômica desajustada de sua realidade, o Brasil estanca em um paradoxo: utiliza o aumento da taxa de juros para conter a inflação, mas o patamar altíssimo em que estes se encontam é o principal responsável pelas pressões inflacionárias existentes no país.

Exemplo importante da adoção de política de rendimentos para conter a inflação vamos encontrar na Argentina, durante o governo de Cristina Kirchner. Se no Brasil a pressão inflacionária básica decorria das altíssimas taxas de juros vigentes, no país vizinho o problema resultava da absorção de parte excessiva do PIB pelo agronegócio. Explicação do que estava acontecendo naquele país pode ser dada a partir da experiência brasileira.

À época da experiência argentina aqui examinada, o agronegócio brasileiro obtinha lucros elevados e registrava taxa acelerada de crescimento, graças à valorização internacional das *commodities* e apesar da sobrevalorização do real. Segundo estimativas autorizadas,[14] a taxa de câmbio correta deveria ser de 2,8 reais por um dólar e era, então, de apenas 1,7 reais. Ou seja, os lucros do setor se mantinham em níveis razoáveis por serem 64% inferiores aos que seriam obtidos na inexistência de sobrevalorização do real.

Ora, na Argentina o peso não se achava sobrevalorizado, o que significa dizer que o agronegócio auferia lucros 64% acima dos economicamente justificáveis pela experiência brasileira. Considerando-se ainda a elevada participação do setor no PIB do país, é natural concluir ser ele o agente que gerava pressões inflacionárias, a exemplo do que sucedia com o setor financeiro no Brasil.

Donde ter sido perfeitamente correta a decisão do governo argentino de, dentro de política de rendimentos destinada a controlar a inflação, reduzir através de maiores impostos a participação do agronegócio no PIB. Apesar de manobras políticas não lhe terem permitido alcançar o resultado desejado, fato é que tentava implantar o programa de estabilização monetária adequado, evitando o gravíssimo erro cometido no Brasil.

INFLAÇÃO E MITOS

O trauma causado pela hiperinflação brasileira e a exploração política dos bons resultados do Plano Real criaram tal situação no Brasil que se torna difícil discutir objetivamente a relação entre surto inflacionário e crescimento econômico. Para alcançar seus objetivos, o desenvolvimentismo keynesiano não pode, contudo, deixar de contribuir com análise isenta. Nas linhas a seguir examinaremos o que podem ser considerados mitos relativos ao desequilíbrio monetário. São eles os de que (a) a inflação é necessariamente nociva ao desenvolvimento, (b) qualquer surto inflacionário tende a se acelerar rápida e irresistivelmente, (c) é altamente prejudicial às categorias de menor renda e (d) afeta negativamente a empresa privada e dificulta sua tomada de decisões.

No que diz respeito à relação entre desenvolvimento e elevação de preços, começaremos por citar o depoimento de Carliner, exprimindo o que considerava ser opinião dominante entre especialistas:

> Muitos economistas recomendam que a inflação nos países em desenvolvimento não deveria ser maior que na OCDE. No entanto, ambos, Japão e Coreia, tiveram inflação anual bem acima de 10% durante seus anos de elevado crescimento. E a Índia [...] tinha a baixa inflação do túmulo. As lições parecem ser de que uma baixa inflação por si só não

é suficiente para se alcançar elevado crescimento, enquanto inflação extremamente alta, por exemplo, de 500% anualmente, é tão distorcedora que inibe fortemente o crescimento. No entanto não há consenso sobre as consequências de uma taxa de inflação entre 10% e 30% nos países em desenvolvimento.[15]

Posteriormente temos a posição de Yusuf e Stiglitz (este último, Prêmio Nobel de Economia) sobre o tema, na qual eles também oferecem não suas opiniões, mas a visão dominante entre especialistas em desenvolvimento econômico. Segundo eles:

> Nos 1970 e 1980 as relações entre inflação e desenvolvimento não permitiam tomada de posição sobre o assunto, dado que existiam casos, como os do Brasil e Coreia do Sul, em que a inflação foi acompanhada de crescimento acelerado e outras situações nas quais a inflação gerou problemas.[16]

Essa indefinição vai posteriormente desaparecer, ou em suas palavras:

> No início dos 1990 havia largo consenso de que taxas baixas e estáveis de inflação eram objetivo desejável para países em desenvolvimento, embora taxas moderadas de inflação – até 40 % ao ano – não eram necessariamente nocivas ao crescimento.[17]

Mais recentemente vamos encontrar o seguinte depoimento no relatório do Banco Mundial, *The growth report*, que tem entre seus signatários dois Prêmios Nobel, Michael Spence e Robert Solow. Segundo o relatório: "Inflações muito altas são claramente prejudiciais aos investimentos. [...] Mas quão alta é muito alta? Alguns países cresceram por longos períodos com inflações persistentes de 15% a 30%."[18]

Eles não estão com isso propondo a inflação como instrumento de política econômica. Segundo o relatório, há hoje consenso generalizado de que a inflação dos subdesenvolvidos deve ser mantida estável e em apenas um dígito. O importante é apenas sublinhar que a afirmação da absoluta incompatibilidade entre inflação e desenvolvimento é um mito que não ajuda um debate isento sobre o tema.

A tese de que qualquer inflação tende rapidamente a se acelerar não é confirmada pelos fatos. Durante os choques do petróleo dos anos 1970, os países asiáticos registraram significativa espiral de preços, que seria colocada sob controle na década seguinte, sem que se passasse antes por situação hiperinflacionária. A experiência da Coreia do Sul ilustra bem o que aconteceu. Durante a década de 1970 registrou inflação anual média de 20%, caindo essa percentagem, na seguinte, para apenas 5%. O Brasil, no período posterior à Segunda Guerra Mundial ostentou, até meados de 1970, aumento anual médio de preços em torno de 20%, sem que se verificasse qualquer ameaça incontrolável à aceleração do processo inflacionário. A experiência brasileira é menos significativa, porque no período posterior se instalou no país a hiperinflação.

O aparelho analítico proposto permite explicar o que nos levou a isso. Existiam sem dúvida, à época, condições desfavoráveis, como o ajustamento aos choques do petróleo através da tomada de grandes empréstimos em petrodólares e o fato de que, após 1980, e diferentemente da experiência coreana, a economia brasileira entrou em semiestagnação. A causa básica da explosão hiperinflacionária foi, porém, a adoção generalizada da correção monetária, patrocinada pelo governo. Mostramos anteriormente que, ao contrário do que sucede nas economias desenvolvidas, as pressões decorrentes da disputa em torno do PIB são amortecidas pela perda relativa dos titulares de rendimento fixo. Na sociedade simplificada usada nos exemplos anteriormente, esse grupo era representado pelos assalariados.

A correção monetária patrocinada pelo governo, ao garantir ajustamento automático nos rendimentos dos agentes econômicos de renda fixa, compensou o baixo poder aquisitivo desse grupo. No primeiro momento, o impacto da medida foi pequeno, porque a correção monetária era feita em intervalos de tempo relativamente longos. Ou, na experiência inicial brasileira, os reajustamentos salariais eram feitos a cada doze meses. Quando a inflação acelerou, esses intervalos foram rapidamente reduzidos. Os salários passaram a ser reajustados mensalmente. Ou seja, a correção monetária passou a ter efeito bastante próximo ao da escala móvel de salários obtida pelos sindicatos nos países desenvolvidos. Nestes, como já mencionamos, se os preços não forem colocados rapidamente sob controle, sua explosão se torna inevitável. Quer dizer, a hiperinflação brasileira resultou de erro de política econômica, sob a forma de generalização da correção monetária, não sendo, como querem alguns, simples resultado de moderada elevação inicial de preços.

Alega-se, no entanto, que a inevitabilidade da aceleração inflacionária resulta exatamente de que, diante da elevação de preços, a correção monetária se generaliza rapidamente. Contra isso, cabe observar o seguinte: a emissão de moeda constitui um dos traços fundamentais do poder soberano do Estado. As funções básicas desta são a de intermediária de trocas, a de reserva de valor e a de medida de valor. Ora, a correção monetária suprime esse último emprego, portanto sua adoção só é permissível por autorização expressa do poder público. Isto é, a inflação moderada só acelera se o governo permitir livre recurso à correção monetária.

No que se refere ao impacto negativo do desequilíbrio monetário nos grupos de baixa renda, pode-se partir da análise de Franco. Este, após aceitar o impacto positivo da inflação no desenvolvimento, aponta como grande objeção a ela seu efeito negativo sobre os grupos de baixa renda. Em suas palavras:

> A inflação e os déficits fiscais revelaram-se fundamentais como mecanismos para viabilizar, através da poupança forçada, a sustentação de elevados níveis de investimento público, contribuindo significativamente para que as taxas de investimento agregadas permanecessem em torno de 25% do PIB. O crescimento pôde se sustentar em taxas elevadas durante muitos anos, à mercê deste alto ritmo de formação de capital, mas na presença de crescentes dificuldades. Os impactos sobre a distribuição de renda de um crescimento fortemente, e cada vez mais, dependente da inflação foram os piores possíveis. O Brasil cresceu, mas se tornou um país industrial à custa de um aumento extraordinário dos níveis de desigualdade.[19]

Franco afirma, portanto, (a) que a inflação colocou as poupanças do país no nível de 25% do PIB, (b) que isso permitiu crescimento com taxas elevadas durante muitos anos e (c) que, dessa forma, o Brasil pôde se tornar um país industrial. A objeção decorre da concentração de renda e esta deve, portanto, ser examinada.

Evidentemente se torna difícil fazer planejamentos com inflação fora de controle, tal como a observada no Brasil pós-choques do petróleo. Ela é incompatível com o desenvolvimento. A espiral de preços que, segundo Franco, deu a nosso país longo período de rápido crescimento taxas de poupança perto de 25% do PIB e acelerado processo industrial foi a que se manteve em torno de 20% ao ano, nos trinta anos seguintes à Segunda Guerra Mundial. Avaliemos seu impacto distributivo.

Com esse nível de inflação, salário de 1.000 reais teria caído, ao fim de 12 meses (isto é, até a véspera de novo reajustamento), para cerca de 800 reais, com média de 900 reais durante o período e diminuição de 10% do poder aquisitivo. Em inflação estável, a perda se limitaria a essa percentagem. Cumpre, porém, considerar que, em processo de crescimento acelerado, os salários aumentam à mesma proporção que o produto *per capita*. Assim, com o crescimento anual de 7% do PIB, observado no período analisado por Franco, essa perda seria compensada em dois ou três anos.

Outro aspecto importante é que, para a economia brasileira ser capaz de dar emprego aos cerca de 1,5 milhão de novos trabalhadores que se apresentam anualmente ao mercado, o PIB deverá crescer anualmente, segundo analistas da questão, entre 4% e 6%. Essa condição foi atendida nas duas décadas e meia posteriores à Segunda Guerra Mundial graças ao surto inflacionário do período, que, de acordo com Franco, compensou ainda a redução provisória e limitada de salário ao garantir emprego para toda a mão-de-obra nova que se apresentava ao mercado. Assim sendo, a forma correta de atender à preocupação social de Franco seria indagar aos sindicatos se aceitariam queda de 10% nos seus salários, de modo que a oferta de postos de trabalho aumentasse 1,5 milhões ao ano, deixando-se claro que essa queda na remuneração seria compensada em no máximo três anos.

Quanto ao impacto negativo do surto inflacionário sobre as empresas, ele é pelo menos discutível. Durante surto inflacionário, os preços sobem constantemente e custos como salários são ajustados com periodicidade. Na experiência brasileira, a inflação anual de 20% deu lugar a reajustamentos salariais apenas anuais. O resultado é obviamente a elevação dos lucros.

Alega-se, porém, que a instabilidade de preços dificulta as decisões empresariais, dada a impossibilidade de avaliar seguramente o comportamento futuro de preços, salários e outros custos. Todavia, em caso de inflação estável do tipo referido por Yusuf e Stiglitz, esse problema não existe ou é pequeno. A rigor, do ponto de vista empresarial, não há grande diferença entre fazer previsões com inflação de 20% ou de 5%.

Cabe agora definir a política econômica recomendada, levando em conta o que estabelecemos anteriormente sobre as relações entre inflação e desenvolvimento. Mostramos que, contrariando a mitologia largamente aceita, a inflação é compatível com o desenvolvimento, não registra tendência incoercível à aceleração, não é necessariamente nociva às empresas e seus prejuízos para os grupos de menor renda são limitados.

Nada disso, porém, desmente o fato de que a estabilidade monetária constitui ambiente mais favorável ao desenvolvimento. Nos anos 1950-60 chegou-se a defender o surto inflacionário como instrumento do desenvolvimento, pelo fato de que, ao criar poupança forçada monetária, elevava a capacidade de investimento do país. Hoje, porém, se reconhece que, com a implementação de uma estratégia correta de desenvolvimento que garanta crescimento acelerado do PIB, a poupança endogenamente se eleva 30% ou mais do PIB, como demonstra a experiência dos países asiáticos. Nesse contexto, não tem sentido recorrer à inflação que, a par de certos efeitos negativos, proporciona resultados muito inferiores.

Há, contudo, um fato importante que não pode ser ignorado. Todo crescimento acelerado, necessário à eliminação do atraso econômico, gera pressões do tipo cambial, fiscal e monetário. Uma boa política de desenvolvimento deve, portanto, a par das medidas para garantir rápida elevação do PIB, prever meios e modos de manter aquelas sob controle. O erro se acha em se procurar, em vez de controle, a eliminação dessas pressões. Como elas constituem o acompanhamento inevitável do crescimento acelerado, sua eliminação pode comprometer o dinamismo da economia.

O Brasil comete esse erro com relação ao desequilíbrio monetário ao copiar o que se faz em países desenvolvidos. Nos Estados Unidos, o FED considera que qualquer incremento anual do PIB acima de 4% provoca pressões inflacionárias, que devem ser eliminadas através da elevação da taxa de juros. Política perfeitamente correta, dado que o país não depende de crescimento acelerado para eliminar seu atraso econômico.

No Brasil, o Banco Central concluiu que a taxa máxima de crescimento capaz de ser levada adiante sem pressões inflacionárias é de 5% ao ano. Toda vez que surge o risco de esse limite ser ultrapassado, os juros são aumentados, declaradamente para conter a inflação. Como consequência, os investimentos são contidos. A taxa de 5% para o crescimento do PIB deixou, em função disso, de ser meta de política econômica para se tornar limite a não ser ultrapassado.

Ora, essa taxa não só se acha muito abaixo da que o país registrou por longo período no passado, como hoje é superada por países asiáticos e por nossos vizinhos Argentina e Venezuela. Pior ainda, é bastante inferior à necessária para o Brasil chegar, em prazo razoável, ao pleno desenvolvimento. Veremos isso mais adiante.

Em suma, nesse caso, estamos claramente diante de aplicação em país subdesenvolvido de políticas recomendáveis por paradigma econômico válido apenas para economias maduras.

APÊNDICE: A ARMADILHA DO LENTO CRESCIMENTO

A gravidade do fato de se adotar no Brasil a taxa de crescimento de 5% como limite superior ao incremento do PIB nos obriga a examinar esse aspecto em maior profundidade.

Assinalamos anteriormente o erro da *mainstream economics* de considerar o PIB potencial como limite superior ao incremento da economia, ignorando o fato de que este é dado, nos desenvolvidos, pelo pleno emprego e, nas economias retardatárias, pela plena capacidade. A aceitação do PIB potencial como teto significa admitir o pleno emprego como limite superior, tanto para os desenvolvidos como para os subdesenvolvidos.

As consequências desse erro podem ser mais bem explicadas com base nos gráficos do capítulo "Crescimento clássico e crescimento retardatário". O primeiro aspecto a ser considerado é o limite superior ao crescimento nos países desenvolvidos e seus corolários. O gráfico 1 mostra o limite superior ao crescimento nos desenvolvidos. Como não se leva em conta o progresso tecnológico, que permite maior produção por trabalhador, a longo prazo o crescimento do PIB depende exclusivamente do aumento da população (considerando-se os trabalhadores ocupados como percentagem fixa da mesma). Decorre desse fato a constância de renda *per capita* nos desenvolvidos.

No gráfico 3 se abandona a simplificação, levando-se em conta o progresso tecnológico e admitindo, para facilitar, a população como constante. Em função das inovações técnicas, o limite superior ao crescimento dos desenvolvidos, representado pela linha de pleno emprego, se desloca de forma constante para cima, permitindo a elevação da renda *per capita* desses países. Ou seja, neles, atingido o pleno emprego, qualquer aumento nesse sentido depende de inovações tecnológicas que permitam maior produção por unidade de mão-de-obra.

A experiência histórica aí levou à conclusão de que o progresso tecnológico permite o crescimento à taxa anual máxima de 4%, a qual passou a ser considerada como teto pelos bancos centrais, dado que sua ultrapassagem resultaria em inflação, sem qualquer ganho real para a economia. Dentro da visão neoliberal que comanda a economia brasileira, essa percentagem passou também a ser aceita como barreira ao incremento do PIB. Considerando, porém, que a população do país cresce mais rapidamente do que nas economias maduras e que certas categorias ainda estão sendo incorporadas à população ativa (caso das mulheres), adotou-se na prática o teto de 5%. Essa opção é justificada pelo fato de que, quando esse limite é ultrapassado, surgem pressões inflacionárias.

Acontece que nos subdesenvolvidos o crescimento não depende de inovações tecnológicas, dado contarem com acervo imenso e inaproveitado deltas, cuja utilização depende apenas da disponibilidade de poupanças. Portanto, são estas, e não o emprego, que representam o limite superior nos subdesenvolvidos. A situação é ilustrada no gráfico 2 do mencionado capítulo, em que a plena capacidade aparece como limite ao crescimento do PIB e a inclinação da linha de plena capacidade é determinada pela taxa de poupanças sobre ele. No período que se estende do momento 10 ao 20, o PIB cresce aceleradamente com base no aproveitamento da capacidade ociosa. Chegado o momento 20, o país tem a escolha de ou passar a crescer no ritmo determinado pela linha de plena capacidade, ou deslocar essa linha para cima através da elevação da taxa de poupanças. Ou seja, em países subdesenvolvidos, diferentemente do que sucede nas economias maduras, atingido o limite superior, existe a opção de aceitá-lo ou deslocá-lo para cima. Isto é, o limite a que nos referimos é rígido nos primeiros países e flexível nos segundos.

Essa flexibilidade não impede, contudo, o surgimento de pressões inflacionárias quando se atinge plena capacidade. Esta, por sua vez, resulta de os maiores investimentos permitidos pela elevação da margem de poupanças sobre o PIB determinarem acréscimo imediato da demanda global, enquanto o aumento correspondente da oferta só ocorre um ou dois anos depois, com a maturação dos investimentos.

O erro dos seguidores da concepção neoclássica consiste em adotar medidas que têm como objetivo o combate à inflação, mas cujo resultado prático é reduzir a demanda global através da queda dos investimentos.

É o que está ocorrendo no Brasil. A taxa de poupanças se acha em torno de 17% do PIB, o que é compatível com o incremento anual de 5% deste. Para se relançar o país no caminho do crescimento acelerado, à taxa anual de 7%, como ocorreu por longo período do passado, a percentagem de poupanças deve ser elevada para 23% ou 24%. Ao se adotar política destinada a garantir esse resultado, surgem pressões inflacionárias e o Banco Central brasileiro, reagindo como se estivesse em país desenvolvido, eleva a taxa de juros, inviabilizando investimentos maiores. A taxa anual de 5% se transforma, assim, no limite superior do crescimento. É a armadilha do lento crescimento. Ocorre então a pergunta: o deslocamento para cima do limite representado pela plena capacidade, indispensável para acelerar o crescimento, é sempre acompanhado de pressões inflacionárias, que podem, inclusive, transformar-se em inflação aberta? A resposta é negativa. Para explicá-la, será necessário voltar ao gráfico 2.

Suponhamos um programa de maiores investimentos lançado no momento 10. No período de 10 a 20, a maior demanda global decorrente do programa é atendida através do aproveitamento da capacidade ociosa. Se, chegado o momento 20, os investimentos já tiverem amadurecido, com aumento correspondente da oferta, não há motivo para pressões inflacionárias.

O problema é que no Brasil foi lançado plano de aceleração do crescimento que não conta com medidas destinadas a elevar a taxa de poupanças. Por causa disso, a economia passou a funcionar muito perto da plena capacidade. Logo, qualquer elevação da taxa de investimentos provoca imediatamente pressões inflacionárias, que determinam pronta elevação de juros pelo Banco Central e, com ela, a volta dos investimento ao nível anterior. Ou seja, trata-se de levar a armadilha do lento crescimento ao ponto máximo de nocividade.

NOTAS

[1] A. Mercadante, Brasil: primeiro tempo, São Paulo, Planeta, 2006, p. 70.

[2] É altamente discutível a percepção de que o país estivera em 2002 à beira de novo episódio hiperinflacionário. Em 1960, no término do governo Kubitschek, a inflação anual estava em torno de 30%. Com a turbulência política do governo Goulart, os índices pularam para 80%. Através de medidas convencionais revelou-se possível recolocar a espiral de preços em torno de 20% ao ano, que constituía o nível médio do período posterior à Segunda Guerra Mundial.

[3] Não se afirma que a inflação seja proporcional à elevação da moeda em ritmo mais rápido que o do incremento do PIB, mas que não pode haver inflação sem acréscimo da moeda. Foi inclusive o descolamento entre o aumento da moeda e a elevação de preços que levou ao abandono do controle da inflação através de limites ao incremento da moeda, passando-se a adotar as metas de inflação.

[4] F. D. Holzman, "Income Determination and Inflation", em R. J. Ball e P. Doyle, P. (orgs.), Inflation, Middlessex, Penguin Books, 1969.

[5] H. Aujac, "Influence du comportement des groupes sociaux sur le developpement d'une inflation économique", em *Économie Appliquée,* 1950, pp. 280-99.

[6] de Le Bourva

[7] J. Le Bourva, L'Inflation française d'après guerre 1945-1949, Paris, Armand Colin, 1952.

[8] Lopes

[9] P. Arida e A. Resende, Inertial Inflation and Monetary Reform in Brazil, Rio de Janeiro, 1985, texto para discussão, PUC, Rio de Janeiro.

[10] E. Bacha, Moeda inércia e conflito, Rio de Janeiro, 1987, texto para discussão, PUC, Rio de Janeiro.

[11] Idem, p. 62.

[12] Em 1998, ano de lançamento do Plano Cruzado, o PIB cresceu 7,43%; em 1994, ano de implantação do Plano Real, 5,85%; e em 1990, ano de entrada em vigor do Plano Collor, caiu 4,35%.

[13] Sicsú (2007b) apresenta as seguintes cifras (em bilhões de reais correntes) para as despesas do governo federal em 2006: assistência social 21,5; saúde, 39,7; educação, 17,3; segurança, 3,4; organização agrária, 4,2; despesas com pagamento de juros, 163,5. Ou seja, os gastos com juros superam em cerca de duas vezes o total despendido em cinco setores de importância fundamental para o país. Essa situação está ligada ao problema referido no início do presente capítulo. Como a inflação foi demonizada e o neoliberalismo afirma que a única forma de contê-la é a elevação dos juros, a situação tornou-se aceitável.

[14] J. Sicsú, Emprego, Juros e câmbio, Rio de Janeiro, Campus, 2007.

[15] Geoffrey Carliner, Comentário a A. O. Krueger, "East Asia Experience and Endogenous Growth Theory", em Takatoshi, Ito e Anne O. Krueger (orgs.), Growth Theories in Light of the East Asian Experience. National Bureau of Economic Research, Chicago, University of Chicago Press, 1995, p. 33.

[16] S. Yusuf e J. E. Stiglitz, "Development Issues: Settled and Open", em G. M. Meier; J. E. Stiglitz (orgs.), Frontiers of Development Economics, Washington, Banco Mundial, 2004, p. 229.

[17] Idem, ibidem.

[18] Banco Mundial, The Growth Report, Strategy for Sustained Growth and Inclusive Development Comission on Growth and Development, Washington, Banco Mundial, 2008, p. 53.

[19] G. Franco, "O Plano Real em perspectiva de médio prazo", em J. P. R. Velloso (org.), O Brasil e o mundo no limiar do novo século, Rio de Janeiro, José Olympio, 1998, pp. 59-60.

POLÍTICA DE LONGO PRAZO: A CRIAÇÃO DA DISPONIBILIDADE DE MERCADO

A análise anterior mostrou que a existência de mercado disponível de dimensões e dinamismo adequados constitui a chave do sucesso das políticas de desenvolvimento. Mercado disponível é aquele em que a produção do país tem competitividade, a qual resulta de vantagens comparativas de dois tipos: naturais ou criadas. As últimas tomam a forma de programas destinados a tornar o produto nacional competitivo. Em primeiro lugar, através de investimentos em pesquisa e desenvolvimento, formação de mão-de-obra especializada, criação de infraestrutura econômica adequada e assim por diante. Depois, de medidas institucionais (leis, regulamentos etc.) que reservem o mercado interno ao produtor local ou tornem sua produção competitiva no mercado internacional.

No caso das vantagens comparativas naturais, a ação do poder público é subsidiária e levada adiante através de medidas como as destinadas a elevar o valor adicionado contido nos produtos exportados. O mesmo vale para a competitividade gerada através de programas específicos de investimentos. Nestes, a responsabilidade principal cabe à iniciativa privada, embora apoiada por medidas governamentais, como o financiamento a fundo perdido de desenvolvimento e pesquisa. Dado que a contribuição a ser oferecida pelo desenvolvimentismo keynesiano refere-se, fundamentalmente, à ação do governo para eliminar o atraso econômico, analisaremos apenas os casos em que esta é fundamental, ou seja, nos quais a competitividade é gerada por medidas de tipo institucional. São elas: o protecionismo, as integrações regionais, os acordos comerciais e a subvalorização da taxa de câmbio.

Na primeira seção examinaremos as teorias protecionistas. Nas duas seguintes, recapitularemos políticas para a criação de competitividade nos mercados externo e interno. Por fim, faremos o exame das políticas em curso no Brasil.

MERCADO INTERNO: TEORIAS PROTECIONISTAS

As teorias protecionistas têm o objetivo de justificar medidas de tipo institucional destinadas a amparar o produtor nativo. Como as teorizações sobre o crescimento na *mainstream economics* levam em conta apenas o aspecto da oferta, é normal que o protecionismo tenha o mesmo enfoque. Toda a nossa análise anterior defende, todavia, a tese de que, no crescimento retardatário, o relevante é o lado da demanda real, ou do mercado. Donde a necessidade de justificar o protecionismo dessa perspectiva. Antes, porém, é oportuno recapitular, brevemente, as justificações do protecionismo do ponto de vista da oferta, para sublinhar as diferenças entre elas e o enfoque de mercado.

A teoria clássica do protecionismo , que deu cobertura científica à industrialização de Estados Unidos e Alemanha, foi proposta por List. Segundo ele, a indústria nascente registra custos elevados, que tendem a declinar na medida do amadurecimento do setor. Diante disso, é perfeitamente normal, e necessário, que ela seja defendida na sua primeira fase. Ou, na expressão de List, "uma criança não pode lutar com um adulto".

O estudioso não nega a validade da teoria das vantagens comparativas como orientadora da divisão do trabalho em nível internacional. O protecionismo que defende é provisório e beneficia somente os setores em condições de atingirem, no futuro, patamares mundiais de produtividade. Propõe, portanto, exceção apenas temporária e limitada à teoria das vantagens comparativas. As demais justificações do protecionismo, embora tampouco contestem esta, vão além ao defender protecionismo de caráter permanente.

A teoria protecionista de Prebisch[1] deu cobertura à industrialização da América Latina. Segundo esse autor, a produtividade cresce mais rapidamente na indústria do que na agricultura. A especialização agrícola só seria aceitável se todo aumento de produtividade no setor fabril resultasse em queda proporcional de preços, beneficiando igualmente a todos os consumidores, tanto de países industriais como agrícolas. Ora, a experiência mostra que o aumento da produtividade nos países industriais dá lugar não à baixa de preços, mas à elevação de salários e lucros no setor manufatureiro.

Examinando as estatísticas disponíveis, Prebisch vai mostrar que os termos de troca entre países agrícolas e industriais, em vez de melhorarem para os primeiros como aconteceria se os preços industriais caíssem com o aumento da produtividade, estavam se deteriorando constantemente. Diante disso, a única forma de os países agrícolas se beneficiarem do rápido e constante aumento da produtividade industrial é eles mesmos se industrializarem. Isso depende de medidas protecionistas. Na análise de Prebisch, não há exigência de provisoriedade para o protecionismo, nem na restrição deste a setores capazes de alcançar, no futuro, níveis internacionais de produtividade.

Emmanuel[2] propõe teoria que ficou conhecida como das trocas desiguais. Seu aparelho analítico é de inspiração marxista. Para essa visão da Economia, o valor de um bem é dado pela quantidade de trabalho incorporada a ele. Para justificar a existência da troca desigual, Emmanuel toma um bem da indústria e outro agrícola, incorporando a mesma quantidade de trabalho. Seu valor é, portanto, idêntico. Dado, porém, que a produção manufatureira é levada adiante com maior quantidade de capital, a lucratividade (medida percentualmente, em relação com o capital investido) é maior na indústria do que na agricultura, que produz bem de mesmo valor com menos capital.

O pressuposto desse raciocínio é que o funcionamento do mecanismo de preços leva à igualização da taxa de lucros (entendidos como percentagem do capital investido) em toda a economia. Logo, o setor manufatureiro, que usa mais capital, é mais lucrativo do que o setor agrícola – ainda que este, por utilizar quantidade igual de trabalho, produza (na visão marxista) bem de igual valor. Os produtos agrícolas seriam vendidos a preços abaixo de seu valor real, e os industriais, acima. Existe, portanto, troca desigual entre países agrícolas e industriais.

Tal situação aponta a desvantagem da especialização agrícola e deve ser corrigida através de medidas protecionistas que viabilizem a industrialização. Também aqui não há qualquer indicação de que estas devam ser provisórias.

Quarta justificação do protecionismo, que chegou a ter grande receptividade no passado, é devida a Manoilesco,[3] para quem o capital por trabalhador usado na indústria é quatro vezes maior que o absorvido pela agricultura. E, apesar disso, a lucratividade na primeira é apenas 1,8 vez maior. Assim sendo, a agricultura registra vantagem que torna proveitosa a especialização no setor. Distorção a ser corrigida através de medidas protecionistas de amparo à indústria que não podem, obviamente, ser de caráter provisório.

Não cabe aqui discutir a validade desses argumentos protecionistas. Porém, desde que se aceite o mercado como aspecto central das políticas de desenvolvimento, é dessa perspectiva que o protecionismo deve ser enfocado.

A primeira defesa do protecionismo com base na insuficiência do mercado externo foi também proposta por Prebisch. Pressionado pelos seus críticos, que alegavam a inexistência da deterioração dos termos de troca para os subdesenvolvidos, passou a justificar o protecionismo alegando o lento crescimento do mercado internacional para os produtos agrícolas. A fim de escapar do subdesenvolvimento, as economias atrasadas devem aumentar rapidamente seu PIB, o que é impossível com base em exportações de produtos do setor agrário, cujo crescimento se revela relativamente lento. A industrialização se tornava, assim, a única alternativa. Nas linhas a seguir apresentamos nossa própria justificação do protecionismo da perspectiva do mercado.

Uma observação preliminar se faz necessária. No capítulo "Política geral: papel do governo e do capital estrangeiro no crescimento retardatário" apresentamos justificação do protecionismo com base no funcionamento inadequado do mecanismo de preços, que leva em conta somente o custo real e não o de oportunidade. Nesse caso, o enfoque teve como base uma visão genérica sobre a inaplicabilidade da teoria neoclássica a países subdesenvolvidos. Nas linhas a seguir, adota-se a perspectiva das teorizações sobre as relações econômicas internacionais. Os dois enfoques são complementares. Assim, a insuficiência do mercado externo, que será apresentada como justificativa básica para o protecionismo, tem como corolário a existência de mão-de-obra desempregada, cujo custo de oportunidade é, portanto, nulo, tal como aceita na colocação geral do capítulo "Política geral: papel do governo e do capital estrangeiro no crescimento retardatário". Passemos agora ao exame do protecionismo na perspectiva do mercado.

Aceita-se inicialmente a tese da teoria das vantagens comparativas de que a abertura da economia é mais eficiente que o fechamento (ou autarquia). Feito isso, introduz-se a hipótese da insuficiência do mercado externo, mostrando ser o protecionismo, dentro de limites bem definidos, a forma de contornar o problema.

Suponha-se a existência de BR, país subdesenvolvido que produz apenas um artigo industrial (fechaduras) e um agrícola (café). Uma unidade de fator de produção em BR é capaz de produzir, alternativamente, uma saca de café ou duas fechaduras. Portanto, com termos de troca internos de 1/2 (ou seja, uma saca de café é trocada por duas fechaduras). Em situação de autarquia ou de mercado interno inteiramente fechado, os fatores de produção disponíveis são, por hipótese, repartidos igualmente entre os dois produtos, determinando a situação descrita neste exemplo aritmético A:

A – Economia de BR (situação de autarquia)

	Produção	Disponibilidade
Fechaduras	800	800
Café	400	400

Em condições de autarquia, ou de ausência de trocas externas, produção e disponibilidades para consumo são, obviamente, iguais.

Realizada a abertura verifica-se que, no comércio mundial, os termos de troca são, de 1 saca de café por 2,5 fechaduras. Ou seja, a fechadura produzida internamente custa 0,5 saca de café e, no exterior, 0,4. Com a abertura da economia, a indústria de fechadura de BR perde competitividade e desaparece. O país se especializa na produção de café, em que sua produtividade supera a dos concorrentes. Metade da produção é retida para consumo local (supostamente de 400) e o restante colocado no exterior, obtendo-se 2,5 fechaduras por saca de café, de acordo com os termos de troca vigentes no mercado internacional. A situação se torna, então, a seguinte:

B – Economia de BR (hipótese teórica de abertura)

	Produção	Disponibilidade
Fechadura	–	1000
Café	800	400

Ou seja, os fatores anteriormente utilizados para produzir 800 fechaduras vão proporcionar 400 sacas suplementares de café (termos de troca internos 1/2). Estas são trocadas no mercado internacional por fechaduras na proporção de 2,5 fechaduras obtidas por saca de café (termos de troca internacionais de 1/2,5), proporcionando 1.000 fechaduras. Confrontando-se as disponibilidades da hipótese A (autarquia) com a hipótese B (abertura), verifica-se a superioridade desta última, que proporciona 200 fechaduras suplementares a BR. Confirma-se, portanto, a vantagem da abertura propugnada pela *mainstream economics.*

Deve-se considerar, contudo, que essa é uma hipótese teórica. Pressupõe capacidade de o mercado internacional absorver quantidades ilimitadas de café. Introduzindo-se na análise a hipótese realista de mercado limitado para o café, o panorama se modifica. Suponhamos que o mercado internacional consiga absorver somente 200 sacas de café. Na hipótese de abertura irrestrita ao comércio exterior, a situação real será a seguinte:

C – Economia de BR (hipótese realista de abertura)

	Produção	Disponibilidade
Fechadura	–	500
Café	600	400

Ou seja, se o mercado externo só absorve 200 sacas de café, a produção em BR será de 400 sacas para consumo interno e 200 para exportação. As últimas serão trocadas por 500 fechaduras (1 saca de café por 2,5 fechaduras) no mercado externo. Isso implica na existência de fatores de produção ociosos, que não podem ser utilizados na produção de fechaduras por não serem estas capazes de competir com o produto estrangeiro que entra livremente no país. A superioridade da abertura configurada na hipótese B seria, assim, apenas teórica, dependendo sua validade de um mercado internacional ilimitado. O confronto dos exemplos A, B e C permite verificar ainda que a abertura irrestrita é inferior, inclusive, à autarquia.

A solução correta seria aproveitar a existência de fatores produtivos ociosos, decorrentes da não-produção de 200 sacas de café, para fabricar fechaduras. Dada a relação interna de trocas de 1/2, eles serão capazes de produzir 400 fechaduras. Mas para tal resultado será indispensável tarifa aduaneira de pelo menos 0,1 para tornar competitiva a produção interna, cujo custo (0,5) supera nesse montante os níveis internacionais (0,4). Teremos então a situação seguinte:

D – Economia de BR (hipótese de abertura com protecionismo)

	Produção	Disponibilidade
Fechadura	400	500 (importação)
		400 (produção nacional)
Café	600	400

Posto que a situação não seja tão boa quanto na hipótese teórica A, é muito superior à de abertura irrestrita, configurada em B. Isto é, a menos que o mercado internacional seja capaz de viabilizar o total aproveitamento da capacidade interna de produzir café, o *second best* – representado pelo protecionismo – deve ser implementado sem qualquer hesitação. É igualmente importante sublinhar que a produção de fechaduras, viabilizada pela tarifa aduaneira, não implicou em qualquer declínio na produção cafeeira para a qual existia mercado externo.

Em suma, a condenação do protecionismo feita pela *maistream economics* tem como pressuposto a ilimitada disponibilidade de mercado. Na inexistência desta, a forma de maximizar o produto nacional consiste em compensar, pelo aproveitamento do mercado interno, a deficiência do externo. E o protecionismo constitui instrumento indicado para obter esse resultado, contanto que não vá além do estritamente necessário para compensar a insuficiência da demanda externa.

Novamente aqui, como nas teorias protecionistas que examinam a questão da perspectiva da oferta, não se nega a validade da teoria das vantagens comparativas alegando-se somente, para o caso dos subdesenvolvidos, a invalidade de um dos seus pressupostos, a saber: a existência de mercado internacional ilimitado. Em nenhum momento se propõe substituir setor internacionalmente competitivo por outro cuja viabilidade resultasse de medidas protecionistas.

MERCADO INTERNO: POLÍTICAS PROTECIONISTAS

O protecionismo que objetiva tornar o mercado interno disponível para as empresas instaladas no país pode ser de três tipos: educativo, desenvolvimentista e compensatório.

O protecionismo educativo, de longe o mais importante, é necessário para dar partida no processo de desenvolvimento. Porém, é temporalmente limitado. O protecionismo desenvolvimentista é estritamente complementar, devendo apenas ser utilizado nas condições especiais a seguir indicadas. Já o protecionismo compensatório é ocasional e destinado a evitar que vantagens comparativas temporárias prejudiquem o correto funcionamento do mercado internacional. A distinção entre os três tipos de protecionismo permite definir melhor o papel desse instrumento no crescimento retardatário.

O protecionismo educativo tem como objetivo criar condições para o lançamento de políticas de desenvolvimento que visam a industrialização do país. Revelou-se indispensável em todas as economias da segunda onda de industrialização. Conforme indica sua denominação, destina-se a amparar o setor manufatureiro que, em sua fase inicial, não tem condições de concorrer com o parque fabril das economias maduras. Portanto, como indica sua denominação, é estritamente provisório.

O protecionismo educativo teve sua cobertura teórica proporcionada por List e foi incorporado à *mainstream economics*. Recentemente, todavia, a literatura de inspiração neoclássica passou a alegar que se trata somente de um *second best* em relação ao ataque direto ao custo país (custo-Brasil, em nosso caso). O custo-país nos subdesenvolvidos toma a forma de deficiências de infraestrutura, de treinamento inadequado da mão-de-obra, de incapacidade de pesquisa e desenvolvimento, de legislação inadequada no concernente à regulação de falências, da falta de garantia jurisdicional e assim por diante.

O primeiro ponto a ser discutido é se, em políticas de desenvolvimento, ou de criação de competitividade para a produção nacional, o ataque ao custo-país de fato constitui um *first best*. O custo país elevado se acha na própria essência do subdesenvolvimento. Portanto, apresenta manifestações múltiplas e generalizadas, que só se podem eliminar através de grandes investimentos. A par disso, as medidas a serem adotadas para sua eliminação apresentam resultados apenas a médio e longo prazos. Em sentido oposto, o protecionismo educativo cria competitividade imediata e não implica qualquer custo. Pelo contrário, proporciona receitas diretas ao governo, através do imposto de importação. Ou seja, é claramente o *first best*.

Pode-se mesmo duvidar que o ataque ao custo-país constitua opção viável em política de desenvolvimento. O que estão afirmando os defensores da eliminação do custo-país é o seguinte: economias retardatárias precisam de competitividade e, para criar competitividade, devem eliminar o custo-país. Acontece que investimentos do nível necessário para eliminá-lo só são viáveis em países desenvolvidos. Chega-se, assim, ao seguinte paradoxo: para se desenvolver, um país tem de já ser desenvolvido.

Ou seja, a definição de *first best* aplicada à estratégia de ataque ao custo-país só se explica pela visão neoliberal, de inspiração neoclássica, segundo a qual não deve haver qualquer interferência no mecanismo de preços. Conflita, obviamente, com o protecionismo. Que tenha sido facilmente aceita nos países subdesenvolvidos constitui manifestação da dominação ideológica a que estão submetidos em função da inexistência de paradigma ajustado à sua realidade.

O protecionismo educativo é estritamente provisório e deve ser abandonado no momento em que o setor fabril ultrapassar sua fase nascente. Todavia, pode ocorrer que, feita a abertura da economia, o mercado internacional seja incapaz de absorver as exportações indispensáveis a que o país subdesenvolvido maximize sua capacidade de crescimento. Nesse caso, será imprescindível recorrer ao protecionismo desenvolvimentista, que tem, em princípio, caráter permanente. Modelo aritmético simples ajudará a esclarecer a situação. Para maior simplicidade, consideraremos transacionáveis todos os bens e serviços produzidos no país.

A questão pode ser colocada da seguinte maneira. Se em condições de total abertura da economia o país se beneficiar de uma demanda capaz de lhe proporcionar capital por trabalhador do nível requerido pelo pleno desenvolvimento, estaremos diante da situação ótima. Isso porque todos os setores da economia, sem exceção, vão registrar produtividade de nível internacional. Pode suceder, porém, que a incapacidade do país de gerar produtos internacionalmente competitivos em volume suficiente, o fechamento do mercado mundial ou outro fator impeçam que a demanda por atividades internacionalmente competitivas viabilize os investimentos necessários a que o país atinja seu potencial de desenvolvimento. Nesse caso, o protecionismo desenvolvimentista se justifica como forma de proporcionar capitalização. Há que observar que esse tipo de problema tem maior probabilidade de ocorrer nas economias de grande porte, que precisam realizar exportações volumosas para chegar ao pleno desenvolvimento.

Exemplo aritmético simples ajudará a compreender a questão. Suponhamos um país hipotético com as seguintes características:

Relação capital/trabalhador permitida pela mais moderna tecnologia existente	=	100.000
Número de trabalhadores	=	1 milhão
Produtividade do capital no setor internacionalmente competitivo	=	0,7
Produtividade do capital no setor não competitivo	=	0,5

Se o setor internacionalmente competitivo se defrontar com demanda suficiente para absorver a totalidade dos trabalhadores, temos a situação ideal prevista pelo neoliberalismo, com capital total de 100 bilhões e, levando-se em conta a produtividade deste, PIB de 70 bilhões (100 bilhões de capital multiplicados por 0,7). O país terá, nesse caso, atingido padrões de vida do Primeiro Mundo, carecendo de sentido qualquer protecionismo desenvolvimentista.

Suponhamos, no entanto, mais realisticamente, que deficiências internas e limitações do mercado externo permitam investimentos em setores internacionalmente competitivos de somente 50 bilhões de dólares. Nesse caso, dada a total abertura da economia, que inviabiliza setores não competitivos internacionalmente, o PIB gerado seria de somente 35 bilhões de dólares (50 bilhões de dólares de capital, com produtividade 0,7). Tal seria o resultado inevitável de uma política ortodoxa que defendesse irrestrita abertura do mercado interno.

Caso fossem adotadas medidas protecionistas, o mercado interno compensaria a insuficiência do externo, viabilizando 50 bilhões suplementares de investimento. Contudo, por ter produtividade menor, esse montante propiciaria PIB suplementar de somente 25 bilhões de dólares (50 bilhões de capital, multiplicados por 0,5), perfazendo produto total de 60 bilhões de dólares.

Dito isso, temos os seguintes valores para o PIB:

Modelo de total abertura (teórico)	70 bilhões
Modelo de total abertura (realista)	35 bilhões
Modelo protecionista	60 bilhões

Não se discute, portanto, que a situação ideal seria de economia inteiramente aberta – isto é, composta apenas por atividades internacionalmente competitivas –, porque isso proporcionaria ao país o PIB mais elevado possível. Se, contudo, como é realista esperar, o mercado externo for incapaz de viabilizar a totalidade dos investimentos requeridos, a estratégia complementar de mercado interno (configurada no modelo protecionista anterior) é claramente um *second best* que não pode ser desprezado.

O protecionismo compensatório constitui uma terceira modalidade de política de defesa do mercado interno. Justifica-se no caso de grandes diferenças no estágio de desenvolvimento, o que pode ocorrer inclusive entre dois países igualmente subdesenvolvidos. Exemplificaremos com as consequências da entrada da China no comércio mundial.

Dissemos anteriormente que a abertura econômica, justificada pela teoria das vantagens comparativas, deve ser considerada a norma. O sucesso exportador chinês está, todavia, ligado a vantagens comparativas estritamente provisórias, que não têm cobertura em teoria. São os baixíssimos salários pagos naquele país que lhe conferem excepcional competitividade, sobretudo nos setores intensivos de trabalho.

A primeira tentativa de justificar medidas protecionistas contra a China veio com a acusação de que praticava *dumping* social. Argumento falso, porque a abundância de mão-de-obra constitui vantagem comparativa tão grande quanto a disponibilidade de terras agricultáveis. Sucede apenas que a primeira situação é provisória. Exemplifiquemos com o caso brasileiro.

A total abertura de nosso mercado a produtos chineses poderia levar ao desaparecimento de setores como o têxtil, o calçadista, o de vestuário e outros, com ganhos para o consumidor, sem dúvida. Acontece que, com o sucesso da política de desenvolvimento da China, seus salários se elevarão até alcançarem o nível dos pagos no Brasil. Com isso, o preço dos produtos chineses se tornarão iguais aos praticados nos setores brasileiros destruídos por sua concorrência. Ou seja, ganhos temporários para os consumidores seriam obtidos mediante perdas irreparáveis para importantes setores da economia nacional, tanto em investimentos quanto em emprego.

Respeitando-se as determinações da teoria das vantagens comparativas, a solução do problema seria a que segue. Determinar-se-ia a quantidade direta e indireta (esta, embutida nos insumos) de trabalho utilizada nos produtos chineses e o preço desses produtos se os salários pagos seguissem o patamar brasileiro. Em seguida, passar-se-ia a cobrar, sobre importações oriundas daquele país, tarifa aduaneira suficiente para que o preço dos artigos orientais se tornasse igual àquele que resultaria do pagamento de salários iguais aos brasileiros.

Essas tarifas iriam sendo gradualmente reduzidas à medida que fosse diminuindo a diferença de salário entre os dois países.

MERCADO EXTERNO: INTEGRAÇÕES REGIONAIS, ACORDOS DE COMÉRCIO E SUBVALORIZAÇÃO CAMBIAL

Há três tipos de medidas institucionais capazes de criar competitividade para o produto nacional no exterior: integrações econômicas regionais, acordos comerciais e subvalorização cambial.

Com respeito às integrações econômicas, começaremos lembrando que foram inicialmente criticadas pela *mainstream economics* e classificadas por ela entre os casos de "desvio de mercado", por oposição aos de "criação de mercado", considerados favoráveis. Vejamos o que tinha em mente, tomando como exemplo o setor de produção de aço.

O país A é produtor eficiente de aço; país B, produtor ineficiente e o país C, não-produtor. A integração econômica entre A e C não acarreta qualquer mudança nos fluxos comerciais – seja na criação, seja no desvio de mercado –, dado que C já importava seu aço do produtor eficiente A. A integração entre C e B é negativa, porque C deixaria de se abastecer de aço no produtor eficiente A para adquiri-lo em B, produtor ineficiente. Ou seja, ocorreria um desvio de mercado. Integração entre A e B seria favorável por eliminar a produção ineficiente em B, que passaria a comprar o aço de A. Esse é o caso de criação de mercado.

Em qualquer integração econômica é praticamente inevitável ocorrer desvio de mercado em alguns setores, pelo que ela é contraindicada. O aconselhável seria a abertura multilateral do comércio, o fornecedor dos diversos produtos seria sempre o mais eficiente.

Contra essa visão da *mainstream economics*, argumentou-se que era válida somente no curto prazo. Em intervalo mais longo, as integrações seriam benéficas, porque aumentariam o mercado dos países participantes, elevando a produtividade setorial, e permitiriam economias de escala, viabilizando investimentos que, de outra forma, seriam considerados antieconômicos. Essas vantagens da integração econômica são especialmente relevantes no caso das economias retardatárias, cujo mercado interno é sempre de pequeno porte.

Contudo, para que as integrações econômicas resultem no efetivo aumento da disponibilidade de mercado para os subdesenvolvidos, algumas precauções devem ser adotadas. Segundo a literatura especializada, para que constituam instrumento adequado ao objetivo de eliminação do atraso econômico, as integrações regionais devem abranger somente países de nível de desenvolvimento aproximadamente igual. Na prática, isso significa que a diferença de produto *per capita* entre os participantes não deve superar a relação de um para dois, ou um para três. Isso porque, no caso de países em patamares muito diferentes de desenvolvimento, o mercado que se disponibilizará para os mais atrasados será o dos setores de tecnologia elementar e baixo valor adicionado por trabalhador, incapazes de proporcionar o pleno desenvolvimento. Ou seja, a integração econômica entre países desenvolvidos e subdesenvolvidos deve, desde logo, ser descartada.

Os defensores desse tipo de integração alegam, em sentido oposto, que países subdesenvolvidos não podem perder a oportunidade de acesso aos grandes mercados das economias maduras. Não percebem ser relevante não o mercado legalmente disponível, mas o economicamente disponível. Isto é, aquele em que os produtos do país subdesenvolvido gozam de efetiva competitividade. E esses são sempre os de tecnologia elementar, baixo valor adicionado por trabalhador e lento crescimento.

Mesmo no caso de integrações entre países subdesenvolvidos em níveis diferentes de industrialização podem ocorrer problemas. Foi o que sucedeu com a Área Latino-Americana de Livre Comércio (Alalc), que reunia boa parte dos países da região nos anos 1960. A forma prevista para a redução das tarifas aduaneiras aí era a aprovação de listas nacionais e de listas comuns. As concessões feitas com base nas primeiras eram anuais e poderiam sempre ser retiradas. As da lista comum, por sua vez, eram permanentes. Quando se tentou aprovar a lista comum inaugural, o sistema entrou em colapso. Os demais membros temiam que, com sua industrialização mais avançada, o Brasil passasse a monopolizar o setor.

A solução para o impasse teria surgido com a distribuição equilibrada do setor manufatureiro entre os signatários do acordo, tal como se fazia no Conselho para Assistência Econômica Mútua (Comecon) soviético e se tentou no Pacto Andino, integrado por países de médio porte da América do Sul.

Outra modalidade da abertura recíproca de mercados toma a forma de acordos bilaterais ou multilaterais entre países. Estes últimos revelam-se mais importantes, por serem patrocinados pela Organização Mundial do Comércio (OMC), através de rodadas periódicas de negociação. Novamente aqui, é preciso precaução para que o recurso a esse instrumento se traduza em resultados favoráveis às políticas de desenvolvimento.

O grande risco para as economias retardatárias se acha em que suas vantagens comparativas naturais estão em setores intensivos de trabalho e de recursos naturais. Donde a tendência, em acordos com países ricos, de trocarem concessões nos segmentos de indústria de alto nível tecnológico e serviços refinados por reduções do protecionismo dos desenvolvidos em setores agrícolas e de mão-de-obra intensiva.

Esse tipo de ajuste revela-se especialmente atrativo para as economias atrasadas, porque lhes proporciona importantes ganhos de curto e médio prazos nos setores em que, por terem vantagens comparativas naturais, as exportações são particularmente fáceis. A longo prazo, porém, acabarão por se especializar em setores de baixo valor adicionado por trabalhador, baixa tecnologia e mercado de lento crescimento.

Mostramos anteriormente que o mecanismo de preços, no seu livre funcionamento, sobrevaloriza a moeda de países subdesenvolvidos. As medidas adotadas para corrigir semelhante distorção não podem, assim, ser consideradas como tentativa de aumentar a competitividade externa da produção nacional. Elas apenas corrigem a falha de mercado. O que se examinará a seguir é a justificabilidade da subvalorização cambial que vai além disso: tem o objetivo de elevar a competitividade da produção nacional no mercado externo. É a essa subvalorização que chamaremos de protecionismo extenso.

Em seu *The growth report* de 2008, o Banco Mundial toma conhecimento do problema nos seguintes termos:

> Se um governo resiste à valorização de sua moeda ou a desvaloriza, ele está de fato impondo taxa geral sobre suas importações e oferecendo subsídio igualmente geral às exportações. Os economistas têm se colocado apaixonadamente a favor ou contra essa política. Max Calder a descreve

como forma de protecionismo. Outros como Bela Balassa a consideram como chave para o desenvolvimento.[4]

A visão estritamente neoclássica considera que a medida estabelece uma forma injusta de concorrência. Mas é fácil mostrar que ela se baseia na teoria protecionista de List, incorporada à própria *mainstream economics.* Recapitulemos.

A defesa da indústria nascente pode ser feita basicamente de duas formas: mediante tarifas aduaneiras ou subsídios. As primeiras dão competitividade à produção nacional no mercado interno e os segundos, tanto no interno quanto no externo. Reconhecida a razoabilidade do amparo à indústria nascente, não há motivo para que este se restrinja ao mercado interno. Alegou-se a favor dos subsídios que representam despesa para o governo, enquanto as tarifas proporcionam receitas. Assim, haveria interesse por parte deste em eliminar os primeiros tão cedo quanto possível e em prolongar indefinidamente a vigência das segundas. A competitividade do produto nacional no mercado externo, obtida através de subsídios ou de subvalorização cambial equivalente, resulta do protecionismo extenso, tão justificável quanto o tradicional.

Na prática, prevaleceu a solução tarifária, por resistência das economias maduras, que temiam enfrentar a concorrência de uma nascente indústria subsidiada. Presentemente, os países desenvolvidos, apesar de alguns protestos formais, têm aceito a subvalorização cambial, bastante generalizada nos países asiáticos. E como, além disso, ela tem justificação na melhor teoria econômica, inexiste qualquer motivo para que as economias emergentes deixem de utilizá-la como instrumento para sua penetração no mercado internacional.

CRIAÇÃO DE MERCADO E POLÍTICA ECONÔMICA BRASILEIRA

Quanto à criação de mercado por via institucional, as políticas econômicas implementadas no Brasil continuam – com possivelmente uma única exceção – a ser de inspiração claramente neoliberal. Nas linhas a seguir, examinaremos rapidamente o que ocorre com relação a protecionismo educativo, integrações regionais e acordos comerciais, para nos concentrarmos depois, mais longamente, nas consequências da sobrevalorização do real, que significa se estar fazendo exatamente o oposto do recomendável. Para concluir, mostraremos que mesmo se a elevação no preço das commodities se revelar tendência de longo prazo, ainda assim a especialização no setor continua a ser contraindicada.

O protecionismo educativo foi prematuramente abandonado, sobretudo no governo Collor, por inspiração do Consenso de Washington. Em consequência, indústrias como a automobilística, símbolo do ingresso do Brasil em uma modalidade mais avançada de industrialização, estiveram seriamente ameaçadas.

Ignorou-se o fato de que as montadoras de veículo haviam ingressado no território brasileiro como um *second best*. Teriam certamente continuado a exportar seu produto, caso o fechamento do mercado nacional não as houvesse obrigado a instalar filiais no país. Tanto assim que, com a abertura ampla e unilateral do mercado interno brasileiro, voltaram ao *first best*. Ou seja, a trazer veículos da Europa e dos Estados Unidos, transformando suas filiais em simples distribuidoras.

Esse processo só foi interrompido por intervenção do governo, que a partir de 1995, ignorando seus princípios neoliberais, passou a condicionar a importação de veículos a exportações correspondentes e, em 1996, estabeleceu quotas para a importação de automóveis oriundos de Japão, Coreia do Sul e União Europeia.[5] A ação impediu que se destruísse parte significativa do setor manufatureiro nacional.

No que se refere a integrações regionais, o governo brasileiro agiu corretamente ao colocar obstáculos à aprovação da Área de Livre Comércio das Américas (Alca), que abriria irrestritamente o mercado do país às importações americanas.

O Mercosul constitui caso especial, em que uma opção correta não foi adequadamente explorada por prevalência da visão neoliberal. Como os dois principais participantes do acordo são países com nível de desenvolvimento aproximado, inexiste a objeção feita à Alca. O erro foi considerar suficiente a simples derrubada das barreiras ao comércio recíproco, sem que se lançasse um programa conjunto que permitisse a Brasil, Argentina e sócios menores criarem competitividade internacional em setores previamente escolhidos.

O Brasil errou novamente na rodada de Doha da OMC, ao aceitar a negociação de abertura do mercado brasileiro de serviços e manufaturas contra a liberação de mercados agrícolas, sobretudo de Estados Unidos e União Europeia. Isso significaria a troca de mercados de elevado dinamismo e de alto valor adicionado por trabalhador (indústria e serviços) por mercados de lento crescimento e baixo valor agregado por trabalhador (agricultura).

A mais grave falha no que se refere à política de mercado consistiu, todavia, em aceitar a tendência da economia brasileira para a especialização em commodities agrícolas e industriais, setores de baixo valor adicionado por trabalhador, tecnologia elementar e mercado de lento crescimento.

Em 2005[6] e em 2007,[7] o Iedi, instituto de pesquisa da indústria paulista, dividindo as vendas externas da indústria brasileira em setores de tecnologia alta, média-alta, média-baixa e baixa, mostra importante aumento relativo nas exportações nos dois setores de tecnologia menos refinada. Com as importações acontece exatamente o oposto, ou seja, aumento mais rápido ocorre nos setores de alta e de média-alta tecnologia.[8]

O IEDI denunciou esse fato, considerando-o sinal de desindustrialização relativa da economia brasileira. Objetou-se que os dados disponíveis mostram o ininterrupto aumento, em valor e quantidade, do setor manufatureiro nacional.

Na verdade, denominar o processo de "desindustrialização relativa" não exprime corretamente o que está acontecendo. Melhor designação seria a de desindustrialização qualitativa, por sinalizar o fato de que evolui para o setor manufatureiro, em que unidades produtivas de tecnologia refinada e alto valor adicionado por trabalhador estão reduzindo sua participação relativamente a outras de características opostas. A desindustrialização qualitativa é perfeitamente compatível com o crescimento quantitativo do conjunto do setor manufatureiro. Pode-se alegar, inclusive, que o crescimento acelerado da atividade fabril sinaliza, nas condições presentes, o fato de a indesejável deterioração qualitativa do setor estar sendo levada rapidamente adiante.

Duas causas podem ser apresentadas para esse processo: a sobrevalorização da moeda nacional e a chamada doença holandesa. A sobrevalorização resulta seja das grandes entradas de capitais estrangeiros – inclusive especulativos –, seja do aumento das exportações. Ela dificulta exportações e facilita importações.

A produção nacional que tem mais facilidade para se manter no mercado internacional e enfrentar, no interno, a concorrência do produto estrangeiro é a que goza de vantagens comparativas naturais. No Brasil, é o caso das *commodities*. Por outro lado, os setores com maior dificuldade de manter suas posições no âmbito internacional e defender-se internamente contra a concorrência estrangeira são os de competitividade criada pelo protecionismo ou por investimentos do tipo anteriormente mencionado. Ou seja, os setores designados pelo IEDI como de alta e de média-alta tecnologia.

São essas as condições que levaram à crescente especialização do país em *commodities* agrícolas e industriais. Passemos agora à doença holandesa.

A evolução observada no Brasil ocorreu igualmente na Holanda quando, em função da descoberta e da exploração de grandes jazidas de gás, registrou-se naquele país um esvaziamento relativo da atividade fabril. A literatura designou essa indesejável evolução de "doença holandesa". Algo semelhante sucede no Brasil. Com o grande aumento nas cotações internacionais das *commodities*, a economia brasileira está se concentrando na produção, em detrimento de setores de tecnologia mais avançada.

A doença holandesa resulta, frequentemente, na sobrevalorização cambial. Por esse motivo, sobrevalorização cambial e doença holandesa são às vezes apresentadas como um único fenômeno. Um erro, porque elas podem existir separadamente e exigir medidas corretoras distintas. A sobrevalorização cambial da moeda pode resultar de grandes entradas de capital estrangeiro no país, sem que se descubram novas fontes de recursos naturais ou se elevem as cotações de *commodities* já produzidas. Da mesma forma, a descoberta de recursos naturais ou a valorização dos já existentes podem levar à priorização de investimentos nos setores que os exploram, sem que haja qualquer sobrevalorização da moeda do país.

A tese da crescente especialização do Brasil em *commodities* foi recentemente contestada em coletânea organizada por Barros e Giambiagi. Não se distinguiu aí sobrevalorização cambial de doença holandesa, considerando-se que esta abrangia os dois aspectos da questão. A primeira contribuição nesse sentido é de Barros e Pereira.[9] Alegam os autores que o Brasil enfrenta uma simples reestruturação industrial em época de transformações globais. Como não negam que isso se dá em favor de atividades largamente utilizadoras de recursos naturais, é lícito afirmar que a modificação em curso, ao se privilegiar setores de baixa tecnologia, constitui algo muito parecido com a doença holandesa. Será realmente relevante o fato de, na Holanda, a produção manufatureira ter sido substituída por atividade primária, enquanto no Brasil a mudança ocorre fundamentalmente no âmbito do setor industrial?

A segunda contribuição no sentido de negar a doença holandesa é de Jank e outros.[10] Esses autores apresentam dados estatísticos para assegurar inexistir a mudança mencionada com relação ao setor manufatureiro. Ora, dados apresentados por Barros e Pereira, na mesma coletânea, contestam seu argumento. Segundo eles: "Conforme revelado pela tabela 9.1 [incluída no texto do autor] percebe-se uma tendência de ganho relativo das atividades com tecnologia baseada em recursos naturais em detrimento de todas as demais."[11] E continuam mais adiante: "As atividades com tecnologia intensiva em recursos naturais [...] tiveram o maior aumento na participação dos investimentos realizados pela indústria entre 1996 e 2004."[12]

Jank e outros alegam que não estamos diante da doença holandesa, mas de uma "doença brasileira", que estaria afetando as exportações: falta de investimentos em infraestrutura, deficiências no âmbito regulatório, impostos elevados e assim por diante. Sem aprofundar a questão, diremos apenas que a suposta doença brasileira pode prejudicar exportações em geral, mas não determinar sua mudança qualitativa em favor de atividades de baixa tecnologia.

Consideremos ainda um último aspecto da questão. Pode acontecer que, em função da entrada no mercado internacional das economias emergentes asiáticas – de recursos naturais escassos –, passe a ocorrer grande e permanente aumento no preço das *commodities* e uma consequente elevação no valor adicionado desses produtos. A especialização no setor se tornaria, por conta disso, aparentemente aceitável, ou até desejável, para países com abundância de recursos naturais. A especialização em *commodities* é, de fato, usualmente rejeitada por se tratar de setor de baixo valor adicionado por trabalhador.

Contra essa interpretação existem, porém, objeções ponderáveis. A utilização de recursos naturais não renováveis como base de políticas de desenvolvimento defronta-se com a objeção de que, mais cedo ou mais tarde, suas reservas se esgotarão, levando o país a impasse econômico difícil de ser contornado. Quanto aos recursos naturais renováveis, tipicamente agrícolas, seu uso apresenta um problema: elasticidade-renda inferior a 1, situação já identificada pelas chamadas leis de Engel. Ou seja, se o produto *per capita* dos países asiáticos for multiplicado por dez, nem por isso sua população comerá dez vezes mais carne ou tomará dez vezes mais café. A especialização nesse setor proporcionará ganhos substanciais durante certo período, os quais serão drasticamente reduzidos em prazo mais longo.

Objeção mais importante é a seguinte: não se está enfrentando uma situação em que é preciso optar entre bens tecnologicamente refinados e *commodities*. Como a disponibilidade de mercado eleva endogenamente as poupanças, é possível investir ao mesmo tempo nos dois segmentos. Garantido o mercado para eles, a poupança necessária a ambos surgirá endogenamente, não havendo motivo para que se escolha um em detrimento do outro.

Fazendo isso, o país não só evitará os problemas já citados, como se candidatará ao superdesenvolvimento, porque não só terá os mesmos produtos de alta tecnologia e elevado valor adicionado dos países desenvolvidos como, diferentemente deles, produzirá *commodities* de alto valor adicionado por trabalhador. Isto é, através de política adequada de desenvolvimento, podemos superar os excelentes resultados dos países asiáticos, pois dispomos de abundantes recursos naturais, e eles não.

NOTAS

[1] R. Prebisch, "O desenvolvimento econômico da América Latina e seus principais problemas", em Revista Brasileira de Economia, set. 1949.

[2] A. Emmanuel, Unequal Exchange: A Study of the Imperialism of Trade, New York, Monthly Review Press, 1972.

[3] J. L. Love, Crafting the Third World, Stanford, Stanford University Press, 1996.

[4] Banco Mundial, The Growth Report: Strategy for Sustained Growth and Inclusive Development Comission on Growth and Development, Washington, Banco Mundial, 2008, p. 50.

[5] S. A. Latini, A implantação da indústria automobilística no Brasil, São Paulo, Editora Alaúde, 2007.

[6] IEDI, Ocorreu desindustrialização no Brasil?, São Paulo, IEDI, 2005.

[7] IEDI, Superávit menor e com menos tecnologia da indústria de transformação, São Paulo, IEDI, 2007.

[8] Esse aspecto é aprofundado em Filgueiras e Gonçalves (2007).

[9] O. Barros; R. R. Pereira, "Desmistificando a tese da desindustrialização: reestruturação da indústria brasileira em uma época de transformações globais", em O. Barros e F. Giambiagi (orgs.), Brasil globalizado, Rio de Janeiro, Campus, 2008.

[10] M. S. Jank et al., "Exportações: existe uma 'doença brasileira'?", em O. Barros e F. Giambiagi (orgs.), Brasil globalizado, Rio de Janeiro, Campus, 2008.

[11] O. Barros e R. R. Pereira, op. cit., p. 322.

[12] Idem, p. 324.

PONTOS BÁSICOS DE UMA ESTRATÉGIA PARA O CRESCIMENTO RETARDATÁRIO

Na análise anterior, examinamos as diferenças entre os crescimentos clássico e retardatário. No presente capítulo se mostrará como nossas ilações devem ser utilizadas em nova política de desenvolvimento para países subdesenvolvidos. Na análise teremos sempre em mente o caso brasileiro.

A ação do poder público deve ser baseada em estratégia que oriente suas tomadas de decisão, definindo as linhas básicas da ação governamental de longo prazo. No Brasil tivemos a estratégia primário-exportadora, que durou de 1850-1930, e a estratégia de substituição de importações, que se estendeu da última data a 1980. Com o predomínio da visão neoliberal, as estratégias foram dispensadas, com as consequências que se conhecem. O Programa de Aceleração do Crescimento (PAC) é importante por reconhecer a insuficiência do simples funcionamento dos mecanismos de preços. Falta-lhe, contudo, a indispensável visão estratégica de longo prazo. A visão "curtoprazista" do PAC se reflete no fato de ele se concentrar em infraestrutura quando, conforme mostra Hirschman,[1] esta apenas permite e não determina o desenvolvimento. Houvesse prevalecido visão de longo prazo, os investimentos do plano teriam priorizado atividades diretamente produtivas, selecionadas com base em nova estratégia de desenvolvimento para o país.

A definição de estratégia, ou de modelo econômico, deve começar com diagnóstico que identifique problemas e potencialidades da economia e, em função deles, aponte as linhas de ação a serem adotadas. A implementação de modelo econômico não implica, necessariamente, a montagem de um plano abrangente, mas apenas a ação sistemática do governo na economia, seja no setor público, seja no privado. Neste último, o comportamento desejado deve ser obtido através de instrumentos agindo, preferivelmente, mediante o mecanismo de preços.

O controle de resultados deve ser feito através da adoção de metas de desenvolvimento. Estas podem se referir a setores específicos, mas o indicador básico deve ser sempre a taxa de crescimento do PIB. O primeiro passo consiste, assim, em determinar qual deve ser essa taxa.

PRÉ-CONDIÇÕES DE UMA POLÍTICA DE DESENVOLVIMENTO

A primeira pré-condição para o sucesso de uma política de desenvolvimento é que seja levada adiante com taxas adequadas de incremento do PIB. Como o objetivo básico de qualquer política de desenvolvimento é a rápida eliminação do atraso econômico, aquela deve ser a mais elevada exequível. No Brasil das três décadas e meia posteriores à Segunda Guerra Mundial, a taxa anual média de crescimento foi de 7%, o que atesta a possibilidade e o realismo de se adotar essa percentagem como meta global de nova estratégia de desenvolvimento. O fato de resultados substancialmente superiores estarem sendo registrados no leste e no sul da Ásia reforça essa conclusão.

Outra contribuição importante para o encaminhamento da matéria é dada pelo relatório do Banco Mundial *The growth report* (2008). Ele calcula o incremento anual do produto *per capita* de países subdesenvolvidos que seria necessário para eliminar o atraso econômico até 2050. No caso do Brasil, essa taxa é colocada em 5,3%. Dado o crescimento da população brasileira ser de pouco mais de 1% ao ano, isso implicaria em elevação do PIB em torno de 6,5%. Portanto, a taxa desejável e possível em nova estratégia de desenvolvimento para o Brasil ficaria entre 6,5% e 7%.[2]

Essa taxa é não somente desejável, mas absolutamente necessária, em consequência do chamado efeito de imitação, que é extremamente elevado nas economias retardatárias e foi identificado em economias desenvolvidas, em contexto que mostra sua importância em processos de crescimento.

Em qualquer economia a população pode ser separada em duas categorias quanto à geração de poupanças. A primeira delas, de baixa renda, consome a totalidade de seus rendimentos. A segunda, de maior renda, poupa sistematicamente parte dos seus ganhos. Como, em condições normais de crescimento, eleva-se constantemente a renda *per capita* no país, parcela crescente da população obtém renda igual à do grupo poupador. Era, assim, de se esperar que o gradual aumento da percentagem de poupadores na população aumentasse constantemente a taxa de poupança sobre o PIB. Contrariamente a isso, no entanto, as estatísticas mostravam representarem as poupanças parcela constante do PIB. A explicação oferecida foi que os grupos de menor renda, ao terem seus rendimentos elevados, preferiam copiar o padrão de consumo dos mais ricos em vez de começarem a poupar. Comportamento explicado pelo efeito de imitação ou emulação.

Nos países desenvolvidos, a ação desse efeito é importante, antes de mais nada, porque os modernos meios de comunicação revelam às suas populações os elevados padrões de consumo do Primeiro Mundo, os quais passam a ser desejados por elas. Em situação normal de subdesenvolvimento, em que inexiste grande diferença entre os padrões de vida médios dos habitantes, o efeito de imitação seria amortecido, dado se considerar que a situação existente nos desenvolvidos constitui privilégio, difícil de ser imitado, de pequeno grupo de países. Nesse caso, as consequências do efeito de imitação tenderiam a ser sobretudo de encorajamento da imigração para os países ricos.

O problema está em que o crescimento retardatário é dual. O setor moderno registra, de imediato, padrão de vida próximo aos do Primeiro Mundo, criando a convicção, nas classes menos favorecidas, de que podem obtê-lo aqui e agora. Não menos importante é o fato de que elas dispõem de condições para impor suas reivindicações. Isso porque os países subdesenvolvidos importam não apenas tecnologia das economias avançadas, mas também as normas que regem a vida política e social desses países. Nos atuais desenvolvidos, na fase correspondente à atual das economias retardatárias, o sistema eleitoral abrangia somente os grupos de maior renda e os sindicatos de trabalhadores eram, quando muito, tolerados. Hoje, nos países subdesenvolvidos, existe o sufrágio universal, beneficiando mesmo os analfabetos, como no caso do Brasil. Quanto aos sindicatos, são aceitos e mesmo apoiados pelo poder público. As categorias menos favorecidas adquirem, dessa forma, grande capacidade de pressão. O que, em situação de lento crescimento, resulta para o governo no aumento da carga fiscal, em dívida pública elevada e de difícil controle e, por fim, em redução da capacidade de poupança. Para a economia em geral, a consequência são poupanças baixas e constantemente ameaçadas por pressões consumistas, condição claramente delineada na experiência brasileira.

Observe-se que, se a importação de tecnologias desajustadas da realidade de países subdesenvolvidos é altamente negativa, por dificultar o desenvolvimento, a adoção de instituições políticas e sociais existentes nos desenvolvidos é favorável, por tornar obrigatória a adoção de taxa elevada de crescimento.

Esse se torna objetivo não somente desejável, mas absolutamente necessário. O rápido aumento da parcela da população beneficiada por padrões de vida mais elevados tem o efeito psicológico de convencer as camadas menos favorecidas de que o problema da pobreza está sendo resolvido e, portanto, que, em futuro não muito distante, elas terão acesso aos padrões de vida mais elevados. Em sentido oposto, no caso de lento crescimento ou semiestagnação, como a que vitimou o país nas três últimas décadas, corolário inevitável da insatisfação dos grupos de baixa renda são reações extremadas como: multiplicação de greves em setores essenciais, aumento da criminalidade na zona urbana e invasão de propriedades produtivas na zona rural. Trata-se, em última análise, de uma corrida contra o relógio, que torna absolutamente necessária a obtenção de ritmo de crescimento tão alto quanto possível.

Façamos uma última observação. Com base na proposta do Banco Mundial, admitimos como aceitável a meta anual de 6,5% para o incremento do PIB brasileiro. Mostramos anteriormente que, na política comandada pelo Banco Central do Brasil, o aumento anual de 5% do PIB é adotado como limite superior, teto que justifica com o argumento de que qualquer resultado acima dele criaria pressões inflacionárias. A taxa de 6,5% para o crescimento do PIB constitui média, podendo-se assim supor, realisticamente, que as taxas anuais efetivas variem de 1,5 ponto percentual em torno dela. Ou seja, na prática, o PIB brasileiro deveria crescer anualmente entre 5% e 8%. Isso significa que a taxa de 5%, a mais baixa admissível em estratégia correta de desenvolvimento, é hoje considerada no Brasil a mais elevada aceitável, o que dá a dimensão das mudanças a serem conseguidas pelo desenvolvimentismo keynesiano.

Outra precondição a ser considerada refere-se ao papel, em políticas de desenvolvimento, dos equilíbrios cambial, fiscal e monetário. Nos países desenvolvidos – em que, segundo previsão do *The growth report*, o crescimento anual *per capita* será de somente 2% nas próximas décadas –, sua manutenção não se defronta com maiores dificuldades. Nos casos de crescimento acelerado, todavia, grandes pressões contrárias aos equilíbrios fundamentais são inevitáveis. O procedimento correto é mantê-las sob controle, para que não se transformem em desequilíbrios efetivos. E, para tanto, medidas consideradas anátemas pela visão neoclássica devem ser eventualmente adotadas.

Trabalhos recentes sobre a experiência histórica de crescimento do Brasil se referem aos excelentes resultados obtidos pelo país nos primeiros oitenta anos do século passado. Quanto ao incremento do produto *per capita*, só fomos superados pelo Japão.[3] O que eles não dizem é que, em diferentes momentos desse período, o Brasil adotou praticamente todas as medidas heterodoxas que listaremos a seguir.

As medidas que exemplificaremos rapidamente mais adiante são, na sua quase totalidade, vedadas pelos estatutos de organismos internacionais, os quais foram, em última análise, impostos pelos países desenvolvidos e cujas consequências negativas para os subdesenvolvidos são públicas e notórias. O Banco Mundial e o FMI condicionavam seu apoio à obediência ao receituário neoliberal do Consenso de Washington, o que levou à semiestagnação todos os países que o adotaram. A OMC, diferentemente do seu antecessor GATT, ganhou o direito de proibir políticas internas que, supostamente, interferissem nos mecanismos do comércio exterior. Com base nesse direito proibiu medidas que, no passado, haviam tido papel importante nas políticas de desenvolvimento, como a obrigação de as empresas de capital estrangeiro usarem percentagens preestabelecidas de insumos nacionais, exportarem parte de sua produção e condicionarem suas importações a volume igual de exportações. Sem adotar interpretação conspiratória, pode-se, pelo menos, afirmar que tais regras decorrem da indevida aplicação ao crescimento retardatário de normas definidas com base na experiência do crescimento clássico.

Em nossos exemplos, ignoraremos as interdições deste ou daquele organismo internacional, o que significa adotar implicitamente a tese de que essas regras devem ser modificadas. O poder de negociação ultimamente adquirido pelos grandes países em desenvolvimento – ou, na prática, pelos Bric (Brasil, Rússia, Índia e China) – sinaliza que a mudança se tornou possível. O fracasso da rodada de Doha da OMC pode ser interpretado como primeira consequência dessa transformação.

Os instrumentos que se devem utilizar para manter sob controle pressões sobre o equilíbrio monetário são, entre outros, as políticas de rendimento, o controle ou tabelamento de preços, a redução dos prazos para crédito ao consumidor e a contenção de preços administrados. Em sentido oposto, medidas como o estabelecimento de metas de inflação e a elevação da taxa de juros devem ser rejeitadas por serem prejudiciais ao desenvolvimento.

No caso do equilíbrio cambial, sua defesa pode requerer a centralização de câmbio, o controle de ingresso do capital estrangeiro (sobretudo os de curto prazo), taxas múltiplas de câmbio e o controle governamental da flutuação nas taxas de câmbio. No que se refere à manutenção do equilíbrio fiscal, temos os seguintes instrumentos: elevação de tributos, redução de despesas e moratória da dívida pública. Condição fundamental é que essas medidas não reduzam a capacidade de investimento do governo.

Dos mecanismos que referimos, o mais condenado é usualmente a moratória. Contra ela se alega, em primeiro lugar, que provoca reações contra o país, o que a torna altamente negativa. Ora, a experiência mostra, pelo contrário, que constituiu frequentemente o primeiro passo para a recuperação econômica, tal como demonstra a experiência recente da Argentina.[4]

Em segundo lugar, se aponta o aspecto ético do descumprimento de obrigações assumidas com os credores. Não se pode esquecer, contudo, que a responsabilidade ética dos governos é também para com a população de seus países. Teve razão o governo brasileiro ao sacrificar o país nos anos 1980 para atender a compromissos com bancos internacionais, sobretudo quando estes se tornaram altamente onerosos, em função de aumento arbitrário de juros pelas autoridades monetárias americanas? Além disso, em toda taxa de juros há uma parte que remunera a renúncia do credor a certa soma de dinheiro e outra que se destina a cobrir o risco de inadimplência do devedor. Se o risco é coberto por essa remuneração suplementar, que direito tem o credor de se sentir prejudicado quando ocorre a inadimplência?

Não se está defendendo obviamente o comportamento irresponsável do credor. A ação correta de um organismo financeiro internacional não é, todavia, condenar liminarmente qualquer moratória, mas verificar até que ponto ela é necessária à manutenção do desenvolvimento e não resultou de comportamento irresponsável do credor.

Da mesma forma que a moratória, o uso dos demais instrumentos referidos por parte de países subdesenvolvidos deveria ser aceito pelos organismos internacionais, desde que inevitáveis à política de desenvolvimento responsável.

Ao se lançar política de desenvolvimento, não deve haver preocupação excessiva com distorções econômicas já existentes, como elevada carga tributária, grande dívida pública e baixa capacidade de investimento do governo. Esses problemas serão eliminados ou substancialmente reduzidos com o crescimento acelerado do PIB. Erro frequentemente cometido a esse respeito é o de condicionar o lançamento de políticas de desenvolvimento à prévia correção deles.

Estratégias de desenvolvimento devem ter também preocupação com o aspecto social. O Brasil possui hoje uma das mais elevadas taxas de concentração de renda do mundo. Essa é uma situação que tende a se agravar no início do crescimento (curva em U invertido de Kuznets). Políticas destinadas a corrigi-la constituem, tanto por motivos políticos quanto econômicos, ponto fundamental de estratégias de desenvolvimento. Estas devem visar o objetivo de transferir os ganhos com o aumento do PIB para os grupos de menor renda, através de elevações salariais ou medidas que procurem melhorar o atendimento dos serviços básicos de saúde, educação, saneamento e habitação. Contudo é indispensável ter-se em mente que a face mais importante das políticas sociais é a garantia de emprego. E isso depende essencialmente do crescimento econômico. Ou seja, políticas sociais de grande amplitude são desejáveis. Elas devem, contudo, ser colocadas no âmbito de uma estratégia de crescimento acelerado e nunca ser consideradas substitutivo para ela.

Finalmente, a política ambiental. Ponto básico a ser considerado é que a carência de saneamento básico (água, esgoto, lixo etc.), equipamento urbano inadequado e malconservado etc. tornam a pobreza altamente poluidora. A forma mais eficaz de eliminar o problema é obtendo desenvolvimento, que deve, dessa forma, constituir aspecto prioritário de qualquer programa ambiental. A relação entre desenvolvimento e meio ambiente pode ser ilustrada através de exemplo concreto.

Uma usina hidrelétrica planejada teria grave impacto negativo sobre a fauna e a flora de uma região. A aceitação do projeto deve depender de resposta a duas perguntas. A (a) geração prevista de energia elétrica constitui realmente condição fundamental da política de desenvolvimento? E (b) existe uma alternativa à instalação da usina, seja localizando-a em área com impacto ambiental menos negativo, seja utilizando outra fonte energética? No caso de resposta positiva à primeira pergunta e negativa à segunda, a usina deve ser construída a despeito de sua agressão ao meio ambiente. O que se pode e se deve fazer é adotar medidas para minimizar essa agressão, ainda que para tanto sejam necessários investimentos suplementares.

Tendo definido as precondições de uma política de desenvolvimento, cabe agora entrar diretamente no tema. Toda a análise anterior mostra que o sucesso das políticas de desenvolvimento depende essencialmente de se garantir ao país mercado disponível de amplitude e dinamismo adequados. A análise a seguir se concentrará, portanto, na questão do mercado.

MERCADO EXTERNO E MERCADO INTERNO

Em políticas de crescimento baseadas no mercado é preciso, antes de mais nada, estabelecer se o processo deverá ser baseado no mercado interno ou no externo.

A literatura recente sobre o desenvolvimento confere papel substancial ao mercado interno. Contribuiu para essa percepção a análise de Murphy e outros sobre o peso concedido ao mercado interno, sublinhando o papel fundamental dele no crescimento. Em suas palavras:

> Nossa análise se apoia de forma crucial na importância dos mercados internos para a industrialização. Essa análise defronta-se com uma objeção óbvia. Se o comércio mundial é livre e sem custo, então uma indústria se defronta com mercado mundial, cujo tamanho não pode plausivelmente impedir a adoção de tecnologias de rendimentos crescentes. No entanto, apesar dessa objeção teórica, existe hoje evidência empírica considerável apontando para a importância do mercado doméstico como receptor das vendas da indústria doméstica.[5]

Citando estatísticas disponíveis, os autores mostram que, em países com população acima de 20 milhões, a expansão da demanda doméstica absorveu 72% a 74% do aumento da produção industrial interna. Segundo eles, mesmo na Coreia, padrão de economia aberta e de desenvolvimento baseado nas exportações, a expansão da demanda doméstica viabiliza 53% do incremento do produto industrial. E a exportação intensiva de manufaturas ocorreu somente quando a indústria se achava bem estabelecida no mercado interno.

Inexiste, portanto, qualquer dúvida sobre a importância fundamental do mercado interno nas políticas de desenvolvimento. Acontece que, no Brasil, a grande dimensão do mercado nacional levou importante corrente de economistas a considerar viável uma política de desenvolvimento baseada exclusivamente nele, alegando em favor da opção que esse mercado, contrariamente ao internacional, é de controle imediato e direto dos governos nacionais. Vamos examinar esse argumento, antes de entrarmos na discussão sobre a estratégia que o crescimento retardatário deve seguir.

O tema se liga diretamente ao debate, anteriormente referido, das causas do colapso do modelo de substituição de importações. Para Furtado, o problema resultou de não existir nas economias retardatárias, como nas desenvolvidas, o "anel de *feedback*", que, ao aumentar salários em ritmo igual ao da elevação da produtividade, cria, automaticamente, o mercado necessário ao desenvolvimento econômico. Segundo ele, o problema dos subdesenvolvidos poderia ser contornado através de política de redistribuição de renda de largo espectro, capaz de compensar essa falta. Se, nos desenvolvidos, o mecanismo resulta do simples funcionamento do mecanismo de preços, nos subdesenvolvidos, o crescimento insuficiente dos salários deveria ser compensado por medidas redistributivas. Estas permitiriam que, ao se esgotarem as potencialidades do modelo de substituição de importações, se passasse automaticamente ao crescimento autossustentado, ou seja, baseado exclusivamente no mercado interno. Dessa forma, uma política de desenvolvimento baseada nele poderia prosseguir até a completa eliminação do atraso econômico.

Para Magalhães,[6] se nos subdesenvolvidos o "anel de *feedback*" não abrange o total da economia, opera adequadamente no setor moderno, do qual depende o desenvolvimento dual, típico das economias retardatárias. Dualidade que não foi levada em conta por Furtado. Segundo o autor o colapso do modelo de substituição de importações no Brasil resultou do problema da indivisibilidade, ou do tamanho mínimo das unidades produtivas tecnologicamente necessário, em conflito com as pequenas dimensões do mercado interno de país subdesenvolvido. Esgotado o suplemento de mercado decorrente do estoque das importações substituíveis, demanda resultante do crescimento vegetativo do PIB se revelou insuficiente para viabilizar novos investimentos. A solução é o recurso às exportações. Ou seja, o crescimento para dentro, baseado no mercado interno, tem como sua continuação normal e necessária o crescimento para fora apoiado em exportações.

É importante assinalar que Magalhães não afirma a inocuidade da redistribuição de renda. O efeito positivo desta resulta de que o conteúdo importado no consumo dos grupos de baixa renda é muito inferior ao das classes abastadas. Donde as políticas redistributivas proporcionarem aumento do mercado interno, dado que parte do poder aquisitivo anteriormente orientado para importações passa a ser dirigido para o mercado interno. Sobretudo em países como o Brasil, onde é grande a concentração de renda, esse efeito pode ser significativo.

Magalhães nega, todavia, que seja suficiente para contornar o problema da indivisibilidade. Ao se esgotar o estoque de importações substituíveis, a passagem sem tropeços do modelo de substituição de importações para o de crescimento autossustentado dependeria de o PIB do país subdesenvolvido ter alcançado enormes dimensões. Retomemos o exemplo aritmético anterior. Nele se mostrou que, esgotado o modelo de substituição de importações, a demanda adicional proporcionada pelo incremento do PIB seria de 200. O que inviabilizaria novos investimentos, dado que o tamanho mínimo das unidades produtivas é de 1.000. Se, no entanto, o PIB fosse cinco vezes maior, esse adicional de mercado poderia ser de 1.000, viabilizando a passagem ao crescimento autossustentado. O cálculo não leva em conta, todavia, a observação de Khanert e outros,[7] segundo a qual mercado suficiente para somente uma unidade produtiva não atrairia os investidores potenciais, temerosos de que a criação de mais unidade inviabilize seu empreendimento. Supondo que, para a tranquilidade do investidor, o mercado deva comportar cinco unidades produtivas, no exemplo anterior o tamanho mínimo do PIB, exigido para a passagem ao crescimento autossustentado, deveria ser 25 vezes maior que o da hipótese inicial.

Magalhães observa, além disso, que os tamanhos mínimos, em setores de vital importância para o desenvolvimento, foram estabelecidos com base nos grandes mercados (interno e externo) dos países desenvolvidos, criadores da moderna tecnologia. Logo, o tamanho do PIB de um país subdesenvolvido, necessário para viabilizar a passagem do modelo de substituição de importações para o de crescimento autossustentado, dificilmente será alcançado por país subdesenvolvido, através da redistribuição de renda, mesmo em país de dimensão continental como o Brasil.

Esclareçamos agora alguns pontos complementares com referência à relação entre mercados interno e externo. Quando se fala em crescimento baseado no mercado interno ou externo, para dentro ou para fora, não se está dizendo que todo o crescimento se acha concentrado na substituição de importações ou na exportação. O que se afirma é apenas que o processo está sendo comandado por investimentos em substituição de importações ou em exportação. E estes, através de efeito multiplicador, dinamizam toda a economia.

Assim, o modelo econômico que comandou a economia brasileira após 1930 foi unanimemente designado na literatura como de substituição de importações. O que significava estar-se atribuindo, aos investimentos destinados a substituir o produto importado pelo nacional, a responsabilidade básica pelo acelerado crescimento registrado no país. No entanto, os investimentos feitos com essa finalidade não iam muito além de 10% do total. Algo semelhante vale para o crescimento para fora, ou com base no mercado externo. Nessa estratégia, dificilmente mais de 20% dos investimentos em atividades diretamente produtivas e infraestrutura serão destinados a apoiar as exportações. Apesar disso, ela será de crescimento para fora, porque o dinamismo da economia se acha ligado à exploração do mercado externo. Particularmente em caso de país de dimensões continentais, como o Brasil, onde o mercado interno supera em muito o externo, uma política complementar de mercado interno se reveste de especial importância, pois permitirá elevar o efeito multiplicador das exportações sobre o conjunto da economia.

No exame acima, por ter o Brasil ultrapassado a fase de substituição de importações, aceitou-se que seu crescimento futuro deve ter como base as exportações. Isso não decorreu da preferência gratuita pelo modelo de crescimento para fora, mas simplesmente do fato de ter a análise mostrado ser esta a única alternativa disponível. Ou, colocando a questão em outros termos, diríamos que, se fosse possível crescimento exclusivamente para dentro (e que não dependesse de protecionismo destinado a viabilizar atividades econômicas ineficientes), ele seria, sem dúvida alguma, a melhor opção. Inclusive porque, nesse tipo de modelo, os instrumentos de política econômica a serem utilizados se acham sob total controle dos governos nacionais. Acontece que o colapso da estratégia brasileira de substituição de importações, levada adiante em um dos maiores mercados internos do mundo, e que lançou mão até do expediente de patrocinar atividades ineficientes, comprova a inviabilidade de crescimento inteiramente baseado no mercado interno.

POLÍTICA DE CRIAÇÃO DE MERCADO

Mostramos em nossa análise anterior que o mercado é um fator crucial no crescimento retardatário, contrariando a visão neoclássica, que enfoca o crescimento da perspectiva da oferta. Como escapa aos limites do presente trabalho propor estratégia completa de desenvolvimento econômico, nossa análise se concentrará na questão do mercado.

Política de mercado diz respeito tanto ao mercado interno quanto ao externo. Vimos que a fórmula correta é começar pelo mercado interno com base em política de substituição de importações (crescimento para dentro) e, esgotado o estoque de importações substituíveis, passar ao mercado externo (crescimento para fora). Nas linhas a seguir, veremos como proceder nos dois casos. O Brasil já ultrapassou a fase de crescimento com base no mercado interno. Todavia, ela será considerada seja para identificar os erros cometidos, seja para dar generalidade à análise. O que faremos é simplesmente mostrar como as conclusões dos capítulos anteriores podem ser aproveitadas em pontos básicos das políticas de desenvolvimento. O exame será, em princípio, abstrato, no sentido de aplicável a todas as economias retardatárias. As soluções propostas serão, no entanto, confrontadas com as experiências do Brasil e dos países asiáticos.

O mercado disponível para economias retardatárias é o representado pelas vantagens comparativas naturais e o proporcionado (a) pelo protecionismo, em suas modalidades de protecionismo educativo, compensatório e desenvolvimentista; (b) por investimentos em pesquisa e desenvolvimento, treinamento de mão-de-obra, criação de infraestrutura etc. (que daqui por diante serão referidos como investimentos criadores de mercado ou de competitividade); (c) por integrações regionais; (d) por acordos de comércio e, finalmente, (e) pela subvalorização cambial, também chamada de protecionismo extenso.

Deve-se sublinhar que, em políticas de desenvolvimento, a criação de mercado visa fundamentalmente a viabilização do setor manufatureiro. A seguir, examinaremos inicialmente a política de mercado no crescimento para dentro (ou no modelo de substituição de importações), passando depois à indicada para o caso do crescimento para fora. E estas últimas serão separadas entre as que dependem exclusivamente dos governos nacionais e as que são implementadas através de acordos com outros países.

A política de mercado interno da primeira fase do crescimento retardatário tem como instrumentos principais o protecionismo educativo e os investimentos criadores de competitividade (ou da disponibilidade de mercado).

O protecionismo educativo é fundamental, como ficou comprovado na experiência dos países da segunda onda de industrialização (Estados Unidos, Alemanha e Japão). A simples criação de tarifa aduaneira (instrumento usualmente utilizado) de montante suficiente para compensar os custos mais altos da indústria nascente cria, de forma imediata e sem custos, o mercado necessário para dar partida ao desenvolvimento.

Essa competitividade criada por investimentos depende, em primeiro lugar, do esforço interno das empresas para elevar sua produtividade. Elas devem, contudo, merecer apoio e estímulo do poder público, através dos instrumentos usuais: financiamento a fundo perdido da pesquisa e do desenvolvimento, crédito favorecido, subsídios e isenções fiscais, treinamento de mão-de-obra de alta qualificação etc. Quanto ao estímulo, refere-se a condicionar a manutenção dessas vantagens (e da própria tarifa educativa) ao alcance, em prazos preestabelecidos, de um nível internacional de competitividade. Também pode ser dado através do patrocínio à instalação de mais de uma empresa em cada setor, de forma a submetê-las, desde o início, à concorrência.

A geração de competitividade através de investimentos depende, em segundo lugar, da eliminação dos custos sistêmicos ligados à condição de subdesenvolvimento. Como, por exemplo, deficiências da infraestrutura de transporte e comunicações, carga fiscal excessiva, administração pública ineficiente, acesso limitado ao crédito, instituições inadequadas ao crescimento etc.

Note-se que, no caso dos países da segunda onda de industrialização, como Alemanha e Estados Unidos, esse último tipo de problema não existiu ou era bastante menos grave, dado que suas externalidades negativas não eram maiores que as existentes nos países pioneiros da Revolução Industrial. No que concerne a esse aspecto, a peculiaridade dos subdesenvolvidos é que explica a proposta do neoliberalismo de substituir o protecionismo educativo pela eliminação do custo-país. Objetivo inexequível, porque o chamado custo-país resulta da própria condição de subdesenvolvimento e sua eliminação dependeria da mobilização de recursos muito acima da capacidade dos subdesenvolvidos. A solução correta é, como vimos, adotar medidas protecionistas, que não só elevam de forma direta os recursos à disposição do governo através das receitas decorrentes do imposto de importação como lhe proporcionam, de forma indireta, receitas suplementares advindas da tributação do setor manufatureiro em expansão. A utilização dessas receitas suplementares para eliminação gradual dos custos sistêmicos é de extrema importância para a política de criação de mercado.

Observação importante é que os investimentos criadores de competitividade não são necessários para viabilizar o desencadeamento do processo industrial, porque isso já é feito pela tarifa aduaneira. Dentro de uma estratégia correta de desenvolvimento, eles são, contudo, de vital importância para criar condições para a passagem, esgotado o modelo de substituição de importações, ao crescimento para fora. No Brasil esse aspecto não foi levado na devida conta, porque se acreditava que o objetivo de eliminação do atraso econômico poderia ser alcançado com base exclusivamente no mercado interno.

O mercado criado pelo protecionismo educativo e por investimentos geradores de competitividade tem complementação importante em outro, representado pelas vantagens comparativas naturais. Estas constituíram a base de todo o processo dinâmico na fase anterior de desenvolvimento (modelo primário-exportador). E não há motivo para que sejam descuradas no modelo de substituição de importações, visto representarem mercado a que o país tem fácil acesso.

No crescimento para dentro, a exploração das vantagens comparativas naturais ganha o significado especial de complementar as divisas necessárias ao processo substituidor. O modelo de substituição de importações gera endogenamente as divisas de que necessita. Isso, no entanto, a médio prazo. No curto prazo, problemas podem ocorrer, porque para substituir, digamos, 1.000 de importação, pode ser necessária a aquisição imediata, no exterior, de equipamentos e insumos no valor de 2.000. E a redução desejada das importações só ocorrerá na maturação do investimento, ou seja, um ou dois anos depois. À medida que as exportações tradicionais proporcionem as divisas requeridas, o recurso a medidas heterodoxas, como a de centralização do câmbio, será dispensável.

No âmbito da política de estímulo a exportações tradicionais, é importante haver medidas destinadas a elevar o valor adicionado embutido nos artigos (por exemplo, exportação de óleo de soja em vez de produto não processado). Na Escandinávia, por exemplo, teve sucesso um programa de incentivo à produção local de equipamentos e insumos. Evita-se com ele que os ganhos em divisas decorrentes da atividade exportadora sejam anulados pela elevação das importações requeridas pelo setor.

Vejamos agora a relação do capital estrangeiro com as políticas de criação de mercado. Vimos anteriormente que, uma vez criada disponibilidade de mercado, as poupanças internas crescem endogenamente. O mesmo vale para a poupança externa. Criada a disponibilidade de mercado interno para empresas instaladas no país através de medidas protecionistas, as multinacionais veem-se diante da opção de ou criar filiais ou renunciar a esse mercado. A experiência brasileira mostra que a primeira opção é sempre a escolhida. O investimento estrangeiro passa, assim, a ter importante papel na fase inicial do desenvolvimento, ao criar unidades produtivas nos setores em que a iniciativa privada local não tem experiência nem dispõe da tecnologia necessária. A par disso, no caso do capital estrangeiro não existe, a curto prazo, o referido problema de insuficiência de divisas. O impacto positivo desse capital no crescimento para dentro pode ser ampliado através de medidas tais como a exigência de utilização de percentagens preestabelecidas de insumos locais e o condicionamento das importações a montante igual de exportações.

A simples existência do protecionismo educativo determina, portanto, a entrada do capital estrangeiro. Como este tem interesse em ingressar no país, torna-se dispensável a criação de facilidades ou estímulos especiais – fato que vem sendo ignorado no Brasil, como consequência do interesse dos governos estaduais de atrair para seus territórios a poupança externa. Para tanto, criam incentivos, como subsídios, isenção fiscal, oferta de terrenos e outras facilidades. Não há dúvida de que a instalação no território do Estado de empresas com elevado valor adicionado por trabalhador, tecnologia refinada e mercados em rápida expansão constitui instrumento importante de desenvolvimento regional. A escolha da localização de filiais estrangeiras no território do país deve, contudo, caber à administração central. Com isso se dispensa a concessão de incentivos desnecessários e se evitam localizações impróprias, que poderiam reduzir ou eliminar o impacto positivo do capital estrangeiro.

Esgotadas as oportunidades de substituição de importações, o crescimento para fora deve passar a comandar o processo. Na análise que segue começaremos por examinar as medidas dependentes exclusivamente dos governos nacionais.

Característica da fase de crescimento para fora é a abertura da economia. Essa é imprescindível porque, de outra forma, com o rápido crescimento das exportações, sem aumento concomitante das importações, o país registraria grandes superávits na balança de transações correntes. Isso significaria estar exportando capital, o que não é indicado no caso de países subdesenvolvidos.

A experiência dos países asiáticos mostra que a abertura às importações deve ser condicionada ao aumento de exportações. Porque, dessa forma, se estará trocando a cessão de mercado interno por ganhos proporcionais no externo. A par disso, a abertura não dever ser unilateral, mas utilizada para obter concessões equivalentes dos países beneficiados por ela.

No crescimento para fora, os dois instrumentos básicos para a geração de mercado são os investimentos criadores de competitividade e a subvalorização da taxa de câmbio. Em políticas de desenvolvimento bem conduzidas, competitividade gerada por investimentos deveria ser conseguida na fase de substituição de importações, com base na cobertura proporcionada pelo protecionismo educativo e nas vantagens especiais concedidas a setores selecionados.

O protecionismo educativo deve ser abandonado ao se ingressar na fase do crescimento para fora. Sua preservação, contudo, se justifica no caso de setores que, apesar de esforços desenvolvidos na fase anterior, ainda não obtiveram competitividade internacional. A exceção deve ser condicionada à correção da deficiência em prazo preestabelecido. Na fase de crescimento para fora o protecionismo compensatório, destinado a evitar perda decorrente de vantagens comparativas provisórias de outros países, pode se revelar necessário. Tal não era o caso na fase anterior, em que prevalecia o fechamento do mercado interno, o que bloqueava automaticamente qualquer concorrência predatória. Ele pode, todavia, revelar-se importante na economia aberta. O protecionismo desenvolvimentista, se bem que um *second best*, deverá ser considerado no caso de a abertura não proporcionar mercado capaz de levar o país ao pleno desenvolvimento. Sua necessidade só poderá ser diagnosticada em fase relativamente avançada do crescimento para fora, não havendo,portanto, motivo para considerá-lo no modelo de substituição de importações.

A subvalorização cambial é o segundo instrumento básico na fase de crescimento para fora. Mostramos anteriormente que o livre funcionamento do mecanismo de preços tende a sobrevalorizar a moeda das economias retardatárias. A política a ser adotada na fase de crescimento para fora deve, todavia, ir além da simples correção dessa falha de mercado. O objetivo visado é o que chamamos de protecionismo extenso, destinado a dar competitividade à produção nacional no mercado externo.

Diferentemente do protecionismo convencional, que depende exclusivamente de decisões internas do país que o pratica, a subvalorização da moeda nacional deve ser também aceita pelos países em cujo mercado se pretende colocar o produto nacional. Por tal motivo, esse instrumento deve ser de uso limitado e temporário. A justificação do protecionismo extenso se baseia na teoria de List. Para ele, a tarifa aduaneira deve se limitar ao necessário para compensar os custos mais elevados da indústria nascente e, além disso, durar apenas enquanto couber à indústria nacional a classificação de nascente. Essas mesmas regras se aplicam, em princípio, ao protecionismo extenso. A diferença se acha na duração deste último. Segmentos da indústria de país subdesenvolvido podem atingir competitividade, apesar dos custos sistêmicos do atraso econômico, não se justificando nesse caso a manutenção do protecionismo seja tradicional, seja extenso. Os custos sistêmicos do subdesenvolvimento permanecem, no entanto, até a completa eliminação do atraso econômico. Pelo que o protecionismo extenso, que é de caráter linear (no sentido de abranger igualmente todos os setores), embora declinante, é justificável enquanto durar o subdesenvolvimento.

Para implementar o protecionismo extenso, os instrumentos a serem utilizados são a criação de reservas cambiais (ou subvalorização cambial), a contenção do capital especulativo estrangeiro, a redução da taxa de juros e a centralização ou controle do câmbio.

A criação de reservas cambiais tem a desvantagem de ser extremamente onerosa, em consequência da diferença que há entre o elevado custo da mobilização dos recursos destinados a adquirir a moeda estrangeira e os baixos rendimentos proporcionados pela aplicação desta (usualmente, em títulos da dívida pública americana). Ônus que pode ser reduzido através da criação de fundo soberano, que viabiliza aplicações mais rentáveis da reserva cambial.

As medidas de controle da entrada de capitais especulativos estrangeiros são de diversos tipos. Entre elas, a cobrança de taxas no momento do ingresso, obrigação de manter o capital, por prazo determinado e sem juros, no Banco Central ou, pura e simplesmente, limitação do valor global das aplicações estrangeiras de curto prazo. Finalmente, juros internos de nível muito superior aos internacionais constituem forte atrativo às aplicações especulativas e devem, portanto, ser prevenidos.

Tudo isso para evitar uma sobrevalorização da moeda nacional do tipo que ocorre hoje no Brasil. E essas são medidas aceitas pela ortodoxia econômica. A desejável subvalorização da moeda nacional exige ação mais radical. A centralização de câmbio, ou algo equivalente, pode talvez se revelar a única fórmula eficaz para garanti-la.

A exploração das vantagens comparativas naturais deve ser também mantida na fase de crescimento para fora, pelo motivo óbvio de representar disponibilidade de mercado obtida sem a necessidade de grandes investimentos diretos. Contudo, tem seu papel diminuído no crescimento para fora, por este não depender dela para atender, a curto prazo, a necessidade de divisas. Essa perda de importância se reflete seja na queda de sua participação relativa nas exportações do país, seja no seu declínio como percentagem do PIB.

Uma observação final se faz necessária. Medidas normais e desejáveis na fase anterior para amparar a empresa nacional devem ser evitadas. Entre elas, a obrigatoriedade de utilizar percentagens preestabelecidas de insumos nacionais. O que, em uma visão de mercado, significa o aproveitamento das *backward linkages* identificadas por Hirschman.

O caso da Embraer ilustra bem o erro a ser evitado. Alguns críticos põem em dúvida o significado, para o país, do seu sucesso no mercado internacional de aeronaves, assinalando que 80% dos seus insumos são importados. Ora, isso não somente é justificável como essencial para que mantenha sua competitividade internacional. A alta percentagem decorre do fato de a indústria brasileira ainda se achar em fase bastante primária no que se refere a insumos de maior refinamento tecnológico. À medida que avance nesse setor, a cifra declinará. Isso deve ocorrer, contudo, por decisão da própria empresa, e não por injunções do governo. Deve-se, em última análise, evitar o erro cometido na construção naval brasileira, ocasião em que as pressões para uso de insumos nacionais prejudicaram seriamente sua competitividade internacional.

Os dois instrumentos de criação de mercado que dependem de acordo com outros países são as integrações econômicas e os acordos de comércio. Eles podem, sem dúvida, ser igualmente utilizados na fase de crescimento para dentro. Revestem-se, contudo, de particular relevância na fase de crescimento para fora, quando o mercado externo se torna fundamental.

No que se refere a integrações econômicas, a regra básica é evitar esse tipo de acordo com países desenvolvidos, o que exclui, de forma absoluta, a Alca. A mesma objeção não se aplica ao caso do Mercosul, em que os dois principais parceiros, Brasil e Argentina, usufruem de nível aproximadamente igual de desenvolvimento. Ainda aqui existe, porém, um problema. Nos anos 1970 a Argentina realizou abertura ampla de sua economia, o que resultou na perda ou enfraquecimento dos seus setores industriais de maior valor adicionado por trabalhador e de tecnologia refinada.

Estamos aqui, portanto, diante de dificuldade, embora de bem menor gravidade, semelhante à que determinou o colapso da Associação Latino-Americana de Livre Comércio (Alalc). Ou seja, de níveis diferentes de industrialização. Portanto, para o pleno sucesso do Mercosul, é indispensável se levar adiante a abertura da economia argentina com as precauções necessárias para não ser prejudicado seu programa de reindustrialização. O que nem sempre tem sido adequadamente compreendido pelo Brasil. Contornado esse obstáculo, seria importante que os dois países unissem sua capacidade de investimento e pesquisa tecnológica em programa conjunto, destinado a proporcionar competitividade a suas economias em setores dinâmicos do mercado internacional.

Com respeito à extensão da abertura recíproca de mercado aos países de menor peso econômico da América do Sul, a situação é mais complexa, dado o grande descompasso entre seus setores fabris e os do Mercosul. Para obtenção de resultados significativos, é indispensável identificar meios e modos de prevenir que os setores de maior valor adicionado por trabalhador e alto nível tecnológico se concentrem no Mercosul. Até o momento inexistem fórmulas bem-sucedidas para obter esse resultado. A experiência do Comecon soviético foi realizada em economias de rígido planejamento central e, além disso, nem sempre se traduziu em distribuição justa das atividades dinâmicas entre os participantes. A tentativa de distribuição equânime de setores econômicos não teve também sucesso no Grupo Andino (Acordo de Cartagena). Qualquer tentativa séria de maior integração regional na América do Sul deve, portanto, se basear em proposta de solução para esse problema, a fim de impedir a repetição do impasse que inviabilizou a Alalc.

Objeção usualmente levantada contra esse tipo de proposta é de que se estaria contrariando os mecanismos de mercado, ou seja, encorajando localizações infraótimas. Como, porém, se aceita hoje a viabilidade de se criarem vantagens comparativas, estas podem ser obtidas através de programas de investimentos que, em prazo médio, tornem internacionalmente competitivos setores alocados às economias de menor porte da região.

No referente a acordos comerciais deve-se, antes de mais nada, evitar a abertura de mercado em setores de elevado dinamismo, tecnologia refinada e alto valor adicionado por trabalhador, como forma de obter abertura correspondente de mercados agrícolas (era o que se estava propondo na Rodada de Doha). A melhor opção no concernente à abertura recíproca de mercado é entre economias emergentes. O primeiro passo nesse sentido poderia se dar no âmbito dos Bric, países que, apesar de alguns choques e discordâncias, começam a reconhecer seus interesses comuns.

Observe-se que já hoje as trocas internacionais começam a ter crescimento mais rápido entre países de baixo nível de desenvolvimento. Os setores envolvidos são, todavia, os de pouco valor adicionado por trabalhador e tecnologia elementar. Essa é a situação a ser modificada. O que não será fácil, porque não basta a simples abertura recíproca de mercado. O requerido é a coordenação das políticas econômicas adotadas, a partir de que os países envolvidos estabeleceriam em quais setores cada um mereceria, ou não, apoio especial. Coordenação de grande complexidade. Não se afirma aqui ser ela possível, mas apenas constituir a melhor forma de ampliação do mercado externo nas estratégias de crescimento para fora das economias retardatárias.

Para finalizar, cabe o exame do papel do capital estrangeiro no crescimento para fora. Mostramos que, na primeira fase da política de desenvolvimento, ele é importante. A situação se revela diferente quando o dinamismo da economia passa a depender de exportações. As filiais de empresas estrangeiras só foram criadas em países subdesenvolvidos (que adotavam o protecionismo educativo) com o objetivo de evitar a perda de mercado pelas matrizes. Inexistia, portanto, nesse momento, qualquer choque de interesses entre matrizes e filiais. Ora, no crescimento para fora, as empresas instaladas no país são chamadas a penetrar ampla e irrestritamente nos mercados internacionais. Tarefa que não pode ser levada adiante pelas filiais estrangeiras, porque esses mercados já se acham atendidos pelas matrizes – o que não ocorre, claro, no caso das empresas de capital nacional. Ou seja, na fase de crescimento para fora o desenvolvimento deve ser comandado por estas, sem que isso signifique que as outras deixem de ter importante papel no atendimento ao mercado interno dos países subdesenvolvidos.

Outro ponto importante é que, na economia globalizada atual, a competitividade depende muitas vezes de investimentos no mercado externo. Ou seja, a tendência é que as empresas se tornem multinacionais. As de capital nacional devem, portanto, receber todo o apoio de seus governos para evoluir nesse sentido.

APÊNDICE: PROBLEMA DA INVIABILIDADE DO CRESCIMENTO PARA FORA

A proposta de estratégia baseada inicialmente no mercado interno e evoluindo depois – como forma de contornar o problema da indivisibilidade – para o mercado externo constitui a fórmula ideal. Sua viabilidade foi amplamente comprovada pela experiência das economias emergentes bem-sucedidas. Não se pode, porém, deixar de lado a hipótese de fechamento dos mercados mundiais, resultante seja de decisão unilateral de países desejosos de reservar o mercado interno para produtores instalados em seu território, seja das consequências de crise sistêmica de amplitude mundial. Nesse caso, as estratégias de desenvolvimento poderão somente contar com o mercado interno. Nas linhas a seguir mostraremos como o problema pode ser enfrentado.

Esgotadas as oportunidades de substituição de importações, surge o problema da indivisibilidade, incapaz de se resolver através de simples medidas redistributivas. A alternativa de solução é o bloco de investimentos de Rosenstein-Rodan,[8] examinado anteriormente como simples contribuição teórica. Inviável, na prática, dada a extrema dificuldade de mobilizar poupanças, internas ou externas, do nível necessário para se criar ao mesmo tempo um número considerável de empresas.

Se, contudo, configurar-se a situação de total inadequação do mercado externo, há a alternativa de criar-se gradualmente o bloco de investimentos. Vejamos o que isso significa partindo da tabela 1 do apêndice do capítulo "Crescimento clássico e crescimento retardatário".

Supondo que as poupanças disponíveis permitam a criação, por ano, de apenas uma das cinco empresas do bloco, a situação se desenvolveria da forma que segue. No primeiro ano, se instalaria a empresa A, cujo mercado seria apenas o proporcionado pelos 200 decorrentes da demanda dos seus próprios donos e empregados. No segundo ano, com a criação da empresa B, seu mercado (e o de B) passaria a ser de 400 e aumentaria gradualmente à medida que fossem sendo implantadas as empresas dos setores C, D e E. No quinto ano, o bloco estaria montado com mercado de 1.000 para cada uma delas, correspondente ao tamanho mínimo exigido pela moderna tecnologia.

A dificuldade está em que, como o tamanho mínimo para a viabilidade econômica das empresas é de 1.000, todas seriam deficitárias até o ano 5, devendo seu prejuízo ser coberto pelo poder público. Esquema desse tipo parece ter sido utilizado pela União Soviética após 1918. Embora o mercado disponível fosse apenas o interno, empresas de grande porte foram imediatamente criadas. Sendo elas governamentais, puderam subsistir, apesar de apresentarem prejuízo, ou seja, operarem abaixo do seu ponto de nivelamento.

Se a situação hipotética de fechamento do mercado externo ocorrer, a solução do problema poderia ser menos complexa do que a descrita, pelos seguintes motivos:

a) o fechamento do mercado externo nunca será total, de modo que, embora insuficiente para viabilizar sozinho a criação de novas empresas, reduziria o apoio oficial necessário para garantir essa criação;
b) dentro de sistema protecionista, as empresas poderiam praticar preços elevados, o que baixaria seu ponto de nivelamento,[9] reduzindo o grau do apoio necessário do poder público;
c) o problema da indivisibilidade não surge em todas as empresas, mas somente naquelas em que a moderna tecnologia exige dimensões especialmente grandes, logo apenas estas exigiriam apoio especial;
d) medidas distributivistas do tipo sugerido por Celso Furtado, embora não solucionem o problema da indivisibilidade, podem contribuir significativamente para reduzi-lo.

Vejamos agora como o governo pode aproveitar esses quatro fatores.

Verificada a impossibilidade de, esgotadas as oportunidades de substituição de importações, basear-se o crescimento da economia no mercado externo, o governo deveria passar a medir a diferença entre o mercado adicional, proporcionado pelo crescimento vegetativo do PIB, e o tamanho mínimo exigido pela moderna tecnologia.

Os setores da economia seriam de três tipos: (a) aqueles em que o mercado adicional (suplementado pelas exportações possíveis) supera o tamanho mínimo necessário para a empresa, (b) setores em que o mercado adicional (mais exportações) é pouco inferior ao requerido para ela atingir seu ponto de nivelamento e (c) setores em que o mercado adicional é significativamente inferior ao exigido pelo tamanho mínimo da empresa. No caso (a) não haveria problema, dado que o simples funcionamento do mecanismo de preços garantiria os investimentos privados necessários. No (b), seria suficiente a adoção de medidas (como, por exemplo, tarifas protecionistas) que, ao permitirem a elevação dos preços praticados no setor, tornassem o ponto de nivelamento das empresas compatível com o adicional de mercado. Também aí os investimentos poderiam ser assumidos pela iniciativa privada. Apenas no caso (c) o governo seria obrigado a criar ou apoiar empresas pelo período necessário a que o crescimento do mercado as tornasse rentáveis.

A elevação do número dos casos mais favoráveis (a) e (b) poderia ser obtida por medidas distributivas da amplitude sugerida por Celso Furtado.

Ou seja, a manutenção de estratégia de crescimento para dentro após o esgotamento do modelo de substituição de importações é complexa, onerosa e exige ampla ação por parte do governo. Logo, só é admissível em casos avançados de fechamento do mercado externo – jamais registrados até agora.

NOTAS

1 O. Hirschman, The Strategy of Economic Development, New Haven, Yale University Press, 1959.

2 O relatório do Banco Mundial mostra igualmente o tempo necessário para a eliminação do atraso econômico se o produto *per capita* crescesse no Brasil à taxa média anual de 3,5%. A percentagem equivale aproximadamente à resultante do incremento do PIB global de 5%, ritmo considerado satisfatório pelos atuais condutores da política econômica brasileira. Nesse caso a eliminação do atraso econômico ficaria adiada para 2100.

3 A. Fraga, "Prefácio", em A. C. Pinheiro e F. Giambiagi, Rompendo o marasmo, Rio de Janeiro, Campus-Elsevier, 2006.

4 Segundo relatório do FMI sobre 29 casos de redução da dívida pública, em 19 deles o resultado fez-se acompanhar de alguma forma de moratória ou *default* e, apesar disso, esses países registraram desempenho econômico muito melhor do que nos anos anteriores, desmentindo a tese de corolários necessariamente negativos da moratória (Carvalho, 2007).

5 K. M. Murphy et al., "Industrialization and the Big Push", em Journal of Political Economy, 1989, v. 97, n. 51, p. 1006.

6 J. P. A. Magalhães, Nova estratégia de desenvolvimento para o Brasil, Rio de Janeiro, Paz e Terra, 2005.

7 F. Kahnert et al., Economic Integration among Underdeveloped Countries, Paris, OCDE, 1969.

8 P. Rosenstein-Rodan, "Problems of Development in Eastern and South Eastern Europe", em B. Okun e R. W. Richardson (orgs.), Studies in Economic Development, New York, Holt, Rinehart and Winston, 1961.

9 O ponto de nivelamento é o nível mínimo de produção que a empresa deve atingir para operar sem prejuízo. Ele pode ser expresso algebricamente da seguinte forma: PN = CF / (P – CV). Onde CF é o custo fixo: P, o preço do produto e CV, o custo variável. A elevação de P reduz PN. Para maior simplicidade, em toda a análise anterior, não se levou em conta a questão do ponto de nivelamento, o que significava considerá-lo igual ao tamanho mínimo das unidades produtivas tecnologicamente necessárias.

CARACTERÍSTICAS NECESSÁRIAS DE UM PARADIGMA PARA O CRESCIMENTO RETARDATÁRIO: UMA NOTA METODOLÓGICA

Nos capítulos anteriores mostramos a diferença entre os crescimentos clássico e retardatário, as consequências de sua política econômica e a necessidade de elaborar paradigma que leve em conta a especificidade dos países subdesenvolvidos. O presente capítulo aprofunda os aspectos metodológicos do problema, mostrando por que um novo paradigma é indispensável, suas características e a forma pela qual deve ser montado e defendido contra inevitáveis críticas.

O Consenso de Washington teve sua justificação científica na teoria neoclássica, da qual o neoliberalismo é a vertente doutrinária. O erro dessa visão e de suas propostas de política econômica ficaram concretamente estabelecidos pelo seu fracasso na América Latina, que a aceitou, e pelo sucesso dos países asiáticos, que a rejeitaram. Donde a necessidade de substituir, no que concerne ao crescimento econômico, a percepção neoclássica por outra, ajustada à realidade dos países subdesenvolvidos.

A visão neoclássica vem sendo duramente atacada em função dos maus resultados que proporcionou. Todavia, conforme mostra Blaug,[1] uma teoria só pode ser derrubada por outra. Não basta apontar o erro de suas previsões, eventuais inconsistências lógicas ou incompatibilidade com a realidade observada. Ela não pode ser dispensada, porque indica ao cientista o que pesquisar, como pesquisar e de que forma avaliar os resultados obtidos. Quando objeções são apresentadas, segundo mostra a Filosofia das Ciências, recebe modificações *ad hoc*, capazes de melhor ajustá-la à realidade e permitir que continue em uso.

Blaug exemplifica a tese com o caso da corrente institucionalista americana. De grande sucesso até a Segunda Guerra Mundial, ela registrou importantes contribuições, tanto de base sociológica como jurídica e estatística. Não conseguindo, porém, oferecer alternativa à teoria neoclássica, se estiolou e, finalmente, foi abandonada.

Na América Latina, registrou-se experiência equivalente. Diante do estrondoso fracasso do neoliberalismo, o Consenso de Washington, na sua formulação original, deixou de ter aceitabilidade. Como, no entanto, não se apresentou alternativa cientificamente justificada, foi salvo por modificação *ad hoc*: passou a condicionar o sucesso do desenvolvimento não apenas à liberalização da economia (como sustentava inicialmente), mas também a ajustamentos institucionais. Ou seja, todas as recomendações do Consenso de Washington, na sua formulação inicial, continuavam válidas, devendo apenas ser complementadas por mudanças institucionais que lhes assegure efetividade. É o chamado Consenso de Washington Ampliado.

A conclusão a ser tirada desses fatos é que o desenvolvimentismo keynesiano, para ter sucesso, deve complementar suas propostas de nova política econômica com justificação científica de qualidade não inferior à da teoria neoclássica.

Como aparente objeção à necessidade de paradigma alternativo, argumenta-se que a crise financeira de 2008 está desmontando o neoliberalismo e, com ele, o Consenso de Washington, sem que seja necessário apresentar refutação às suas teses. Na verdade, porém, o que ela fez foi apenas desmontar uma das propostas (embora importante) de política econômica da teoria neoclássica, que permanece como o cerne de toda a Ciência Econômica moderna, dado que até agora não lhe foi apresentada qualquer alternativa. Seus corolários, como a valorização do capital estrangeiro, a consideração do protecionismo como *second best*, o controle da inflação através da taxa de juros, a condenação da subvalorização cambial etc. – todos eles contrários aos interesses dos países subdesenvolvidos – permanecem, assim, plenamente válidos.

A crise revalorizou a visão keynesiana. Mas esta jamais pretendeu substituir a teoria neoclássica, tendo constituído apenas uma proposta divergente. Keynes jamais pôs em dúvida a eficácia da "mão invisível" de Adam Smith, apenas sustentou que as deficiências do mercado deveriam ser corrigidas pela ação do Estado. As teses de Keynes, embora tenham dado origem a corrente de pensamento econômico que põe em dúvida a eficiência do mecanismo de preços deixado ao seu livre funcionamento, fazem hoje parte da *mainstream economics*.

Em suma, rejeitou-se o neoliberalismo, não a concepção neoclássica de que inexiste diferença entre o crescimento clássico e o retardatário. Trata-se, portanto, de políticas de desenvolvimento. O sucateamento do neoliberalismo e o renascimento do keynesianismo em nada modificam o fato de continuar necessária a montagem de paradigma que leve em conta as características específicas do crescimento retardatário, tais como as decorrentes da importação de tecnologias desajustadas de sua realidade e do papel central da disponibilidade de mercado.

Uma segunda objeção a essa tese deve ser, igualmente, examinada. Os bem-sucedidos países asiáticos ignoraram o Consenso de Washington sem, contudo, apresentarem alternativa ao pensamento neoclássico. Não estaria isso assinalando, contrariamente às afirmações de Blaug e às concepções da Filosofia das Ciências, que políticas econômicas podem ser substituídas, de modo que isso não exija prévia cobertura científica? Na verdade, os países asiáticos constituem caso especial, cuja experiência não tem validade para a América Latina. Trata-se, em última análise, das consequências do que chamaremos de "padrões miméticos". Ou seja, países subdesenvolvidos não criam teorias econômicas, mas copiam os casos de sucesso de que tomam conhecimento, tornando-se estes seu padrão mimético. Os padrões miméticos de países subdesenvolvidos se acham, normalmente, na mesma região e têm com ele cultura e experiência histórica comuns. No que tange aos asiáticos, o padrão mimético foi o Japão. Recapitulemos.

Quando, no século XIX, o comodoro Perry conseguiu a abertura do Japão ao comércio ocidental através de exibição de artilharia, invalidou o sucesso inicialmente obtido ao cometer o grave erro de não oferecer aos japoneses exemplar da *Riqueza das nações* de Adam Smith. Se o fizesse, o Japão acreditaria que, para obter resultados iguais aos do Ocidente, deveria aceitar total abertura ao comércio internacional, o livre funcionamento do mecanismo de preços e a abstenção do Estado na economia. Com isso o Japão teria permanecido até hoje subdesenvolvido, o mesmo acontecendo com seus imitadores asiáticos.

Não tendo tomado conhecimento das recomendações de Adam Smith, o governo japonês lançou-se na imitação de tudo o que considerava determinante da prosperidade do Ocidente. Para tanto criou empresas, transferindo-as posteriormente a particulares, investiu na formação de mão-de-obra de alto nível, patrocinou a pesquisa tecnológica, criou infraestrutura econômica moderna e assim por diante. Ou seja, tudo o que é recomendado em políticas de desenvolvimento.

Diante disso, os países para os quais ele constituía o "padrão mimético" não poderiam aceitar o Consenso de Washington, cujo receituário se achava no extremo oposto de tudo o que conheciam do Japão. Lançaram-se, dessa forma, em políticas de desenvolvimento em que a ação do poder público foi fundamental.

Para a América Latina, o padrão mimético são os Estados Unidos, país que, diferentemente do Japão do século XIX, nunca foi subdesenvolvido, apenas não participou da primeira onda de industrialização. Seu crescimento pôde, assim, basear-se na empresa privada e no livre funcionamento do mecanismo de preços, tal como aconteceu na Europa. O protecionismo foi a única exceção relativa ao recomendado pela teoria neoclássica. Exceção que o pensamento neoclássico tenta hoje, por todos os meios, desvalorizar.

Contrariamente aos países asiáticos, não só nosso padrão mimético é inapropriado como a *Riqueza das nações* de Adam Smith nos é conhecida de longa data. A Ciência Econômica que nasceu desse livro é ensinada em nossas universidades e constituiu sempre a base do pensamento que orientou as políticas econômicas latino-americanas.

A experiência asiática representa, portanto, um caso especial que não desmente o fato de, no Brasil e na América Latina em geral, se fazer necessária a montagem de paradigma capaz de dar cobertura teórica às propostas desenvolvimentistas. Enquanto isso não for feito, o neoliberalismo, produto direto da teoria neoclássica, continuará a ser apresentado por seus defensores como a única proposta cientificamente embasada. Ou seja, estamos diante de problema igual ao que os países ocidentais da segunda onda de industrialização (Estados Unidos e Alemanha) tiveram que enfrentar com respeito às suas políticas protecionistas. E que foi solucionado pela teoria protecionista de List.

Ou, colocando a questão em outros termos, diríamos que o desafio para os desenvolvimentistas é realizar, da perspectiva de longo prazo, o que Keynes fez para o curto prazo. Keynes propôs política destinada a corrigir situações recessivas, justificada por teoria de padrão científico igual ao do paradigma neoclássico. Os desenvolvimentistas brasileiros são chamados a definir meios e modos de eliminar o subdesenvolvimento, justificando suas propostas por formulação teórica de alto nível, a exemplo do que fez Keynes.[2]

Essa necessidade começa a ser atendida por contribuições recentes dos desenvolvimentistas brasileiros. Citaremos apenas dois trabalhos que nos parecem representar as mais importantes para essa nova corrente do pensamento econômico nacional. Bresser-Pereira, em seu livro *Macroeconomia da estagnação* de 2007, colocando-se da perspectiva de longo prazo, oferece críticas bem fundamentadas à política econômica em curso no país. Baseia sua análise em metodologia que denomina de histórico-dedutiva, opondo-a à hipotético-dedutiva da *mainstream economics*. O histórico-dedutivismo adota enfoque do tipo consagrado pela escola histórica alemã no século XIX e, posteriormente, pela corrente institucionalista americana. Esses dois ramos do pensamento econômico ofereceram, sem dúvida, contribuições científicas importantes. Na verdade, porém, a *mainstream economics*, ou a Ciência Econômica oficial que dá cobertura ao Consenso de Washington, é essencialmente hipotético-dedutiva. A contestação de suas teses, responsáveis pela semiestagnação da América Latina devem, portanto, conforme mostra Blaug com relação aos institucionalistas americanos, basear-se em metodologia igualmente hipotético-dedutiva, a qual se acha hoje no cerne do que se considera o enfoque científico da Economia.

O segundo texto importante da corrente desenvolvimentista é de autoria de João Sicsú e leva o título de *Emprego, juros e câmbio*, tendo sido igualmente publicado em 2007.[3] Diferentemente de Bresser-Pereira, ele reconhece a necessidade de paradigma alternativo formulado dentro das linhas aceitas pela *mainstream economics*. Assim, ao criticar a política monetária do atual governo, argumenta com base no aparato analítico oferecido pela Ciência Econômica oficial. Como em outros dos seus trabalhos, se acha implícita a proposta de tentar novo paradigma para o crescimento retardatário, inspirado nas análises de Keynes, autor do primeiro desafio importante à ideia neoclássica do perfeito funcionamento do mecanismo de preços ou, em outras palavras, da plena eficácia da "mão invisível" de Adam Smith. A dificuldade, nesse caso, está em que a visão keynesiana é fundamentalmente de curto prazo e o desenvolvimento econômico exige enfoque de longo prazo. Esse problema se reflete na contribuição de Sicsú, cujo enfoque é, essencialmente, o primeiro.

Cabe ainda dizer que paradigmas ajustados ao crescimento retardatário não podem resultar de contribuições tópicas de autores isolados ou de equipes não permanentes. Devem ser criados no âmbito do que Lakatos[4] chamou de "programa científico de pesquisas". Este toma a forma de pesquisa levada adiante por equipe permanente de especialistas da mais elevada competência disponível, a qual discute os resultados obtidos, define experimentos a serem levados adiante, inventa metodologias e defende suas conclusões contra propostas de programas alternativos de investigação.

Lakatos coloca bem o tipo de situação que ocorre em programas científicos de pesquisa e que não pode ser enfrentada por pesquisador isolado. Ela é ilustrada com o caso da teoria gravitacional de Newton. Em suas palavras :

> O exemplo clássico de um programa de pesquisa bem-sucedido é a teoria gravitacional de Newton: possivelmente o mais bem-sucedido programa de pesquisa de todos os tempos. Quando foi inicialmente produzido, ele se viu submergido por um oceano de anomalias (ou seja, se quiserem, de contraexemplos) e atacado por teorias observacionais que se baseavam nessas anomalias. Mas os newtonianos transformaram, com brilhante tenacidade e engenhosidade, um contraexemplo depois de outro em exemplos corroboradores de sua teoria, primeiramente derrubando as teorias observacionais originárias à luz da própria evidência contrária em que haviam se baseado. Nesse processo, eles mesmos produziram contraexemplos que mais uma vez resolveram. Eles transformaram cada nova dificuldade numa nova vitória para seu programa.[5]

Exemplo do que sucede a contribuições significativas, mas oferecidas fora de programas científicos de pesquisa, vamos encontrar na teoria protecionista de Prebisch. De fundamental importância para justificar a industrialização da América Latina, ela foi abandonada sem que jamais houvesse sido refutada.

Prebisch demonstrou a necessidade de industrialização da forma que segue, isto é, que a produtividade se eleva mais rapidamente na indústria do que na agricultura. Isso não constituiria problema se todo acréscimo de produtividade no setor manufatureiro resultasse em declínio proporcional de preço. Haveria então constante melhora nos termos de troca para as economias agrícolas, as quais se beneficiariam do rápido aumento da produtividade industrial.

Pesquisando e levantando dados, porém, Prebisch vai concluir que acontecia exatamente o oposto. Ou seja, os termos de troca, em vez de melhorarem, se deterioravam constantemente para os países agrícolas. Seu erro foi valorizar excessivamente esse aspecto da análise, porque seus críticos provaram-no incorreto e, a partir daí, passaram a considerar refutado todo o protecionismo defendido por Prebisch.

Ora, o que seus adversários deveriam realmente ter provado era que estava sendo atendida a condição proposta por Prebisch para tornar aceitável a especialização agrícola. Ou seja, que os termos de troca não só melhorassem constantemente para as economias agrícolas, mas também que essa melhoria fosse proporcional à diferença entre o incremento da produtividade nos setores agrícolas e industriais. Essa prova, jamais conseguiram apresentar. E, segundo Singer,[6] se tentassem fazê-lo, não seriam bem-sucedidos. Porque, se os termos de troca evoluíssem dessa forma, não existiriam países subdesenvolvidos.

É preciso dizer que a especialização condenada por Prebisch, nas suas contribuições iniciais, era a agrícola. Posteriormente, mostrou que a crítica valia também para a especialização em *commodities* industriais. Ou seja, se seu trabalho mantivesse, como lhe era devido, a mesma aceitação inicial, poderia estar sendo hoje utilizado para condenar o erro de se aceitar no Brasil crescente especialização em ambos os setores.

Quanto à teoria de Prebisch, faltou equipe que a defendesse e aprofundasse no âmbito de programa científico de pesquisa. Exemplo das consequências da falta de equipe permanente nesse tipo de programa se acha no caso da teoria heterodoxa da inflação. Ela foi proposta por pesquisadores da PUC-RJ e teve sua correção confirmada pelo sucesso do Plano Real.

Tendo se dissolvido essa equipe, voltou a predominar a visão ortodoxa, com as consequências negativas que expusemos anteriormente.

A fim de que contribuições para a montagem de novo paradigma tenham chance de prevalecer contra a visão neoclássica, evitando-se o sucedido com a contribuição de Prebisch, é indispensável que estejam inseridas em programa científico de pesquisa. E a tarefa não será fácil, dado que (a) entrará em choque com o sistema universitário e organismos de pesquisa instalados no Primeiro Mundo; (b) desencadeará conflitos com interesses econômicos, nacionais e estrangeiros, que auferem grandes vantagens com a preservação do modelo neoliberal; e (c) deverá romper com a tradição de países subdesenvolvidos de importarem e não gerarem ciência.

Para concluir, complementemos a justificação do adjetivo proposto para o desenvolvimentismo brasileiro – keynesiano. É possível mostrar que o modelo por nós sugerido, com base nas contribuições da economia do desenvolvimento, pode ser interpretado como um ajustamento, para o longo prazo, da visão keynesiana.

Keynes levava em conta o impacto, a curto prazo, dos investimentos na criação de demanda monetária. O modelo aqui proposto (baseado inclusive, nesse ponto, na contribuição de Harrod, discípulo de Keynes) considera o investimento da perspectiva de longo prazo, isto é, como gerador de capacidade produtiva. Na análise de Keynes, a demanda, em seu aspecto monetário, tem papel fundamental. Na nossa, a demanda real, que nada mais é que a mesma demanda, vista do enfoque de longo prazo, é também colocada no centro da análise. O objetivo da política econômica proposta por Keynes é pôr o PIB no nível de pleno emprego. Nossa proposta, que considera a questão da perspectiva de longo prazo, é levá-lo ao patamar de pleno desenvolvimento.

Keynes se preocupa com o limite superior ao incremento do PIB que, segundo ele, é dado pelo pleno emprego. Nosso modelo considera igualmente importante a questão do limite superior, mas salienta que, no crescimento retardatário, ele é dado pela disponibilidade de capital e não de mão-de-obra. Para Keynes, o aumento do investimento gera a poupança correspondente. Segundo nossa proposta, baseada na economia do desenvolvimento, ao produzir crescimento, também cria poupança.

Ou seja, como dissemos antes, as interpretações propostas no presente livro podem ser consideradas como enfoque de longo prazo da visão keynesiana, o que justifica o fato de se dar aos economistas desenvolvimentistas brasileiros a denominação de keynesianos.

APÊNDICE: UM EXEMPLO DE UTILIZAÇÃO DO MÉTODO HIPOTÉTICO-DEDUTIVO

Vamos encontrar um bom exemplo do método hipótético-dedutivo a ser utilizado para refutar as posições da teoria neoclássica, paradoxalmente (dado que esse autor defende o enfoque histórico-dedutivo) em Bresser-Pereira e Paulo Gala (2008).[7]

Bresser-Pereira defendeu sempre a tese de que as políticas de desenvolvimento deveriam se basear na poupança interna, e não no capital estrangeiro. Sua argumentação era, no entanto, histórico-dedutiva. No texto aqui examinado ele mesmo vai reconhecer as limitações desse enfoque. Em suas palavras:

> Embora em alguns breves momentos a poupança externa possa promover o desenvolvimento econômico, a experiência histórica mostra que todos os países que se desenvolveram o fizeram graças à sua poupança interna. No entanto, faltava a essa verificação de caráter empírico uma explicação teórica.[8]

A análise de Bresser-Pereira e Gala é bastante complexa, levando em conta grande número de variáveis. Fundamentalmente, propõe-se explicar os mecanismos que levam ao *crowding out*, ou à substituição da poupança nacional pela poupança estrangeira, com a consequência de que as entradas de capital não resultam em qualquer ganho (ou apenas em ganho proporcional) para o país do ponto de vista do desenvolvimento. Escapa aos limites do presente texto resumir integralmente a linha teórica por eles desenvolvida. A título ilustrativo oferecemos, todavia, explicação simplificada do mecanismo do *crowding out*, baseada na análise dos dois autores.

Grandes entradas de capital estrangeiro provocam (a) a valorização da moeda nacional, com consequente desencorajamento das exportações e elevação das importações; (b) como corolário do aumento das importações do produto estrangeiro mais barato, elevam-se os salários reais, aumentando o consumo; (c) com as perdas registradas no mercado externo (com o declínio das exportações) e no mercado interno (com o aumento das importações) cai a lucratividade das empresas locais, declinando a poupança gerada por elas. Em suma, a entrada do capital estrangeiro aumenta salários e reduz a taxa interna de lucros, determinando dessa forma diminuição da poupança interna. É o fenômeno do *crowding out*, em que a entrada da poupança estrangeira leva ao declínio da interna, sem qualquer ganho do ponto de vista do desenvolvimento.

A análise teórica dos dois autores é complementada por pesquisa empírica, na qual se mostra que a substituição do capital nacional pelo estrangeiro fica entre 50% e 100%. Para nossa análise, o importante é que nos achamos aqui diante do exemplo de como o desenvolvimentismo keynesiano deve proceder para refutar as teses neoclássicas.

NOTAS

1 M. Blaug, Economic Theory in Retrospect, Cambridge, Cambridge University Press, 1975.

2 A visão curtoprazista fica bem clara no importante trabalho de Sicsú e Vidotto (2008), *Economia do desenvolvimento: teoria e políticas keynesianas*. O texto contém artigos extremamente importantes do ponto de vista do desenvolvimentismo keynesiano. Analisando a obra de Keynes, mostra-se que este sublinhava, entre outros aspectos, a importância da incerteza na economia, a incapacidade do mercado em proporcionar demanda efetiva de dimensões adequadas, o significado da preferência pela liquidez e do *animal spirit* dos investidores. A tarefa do desenvolvimentismo keynesiano não é, todavia, retomar as contribuições de Keynes, mas fazer, para o longo prazo, o que ele fez para o curto. Ou seja, enquanto ele, da perspectiva de curto prazo, mostrou como evitar ou corrigir recessões cíclicas, os desenvolvimentistas deverão, da perspectiva de longo prazo, definir políticas eficazes para eliminar o subdesenvolvimento.

[3] J. Sicsú, Emprego, juros e câmbio, Rio de Janeiro, Campus, 2007.

[4] I. Lakatos, "Falsification and the Methodology of Scientific Research Programmes", em I. Lakatos e A. Musgrave (orgs.), Criticism and the Growth of Knowledge, Cambridge, Cambridge University Press, 1989.

[5] Idem, p. 133.

[6] H. W. Singer, "The Distribution of Gains Between Investing and Borrowing Countries", em B. Okun e R. W. Richardson (orgs.), Studies in Economic Development, New York, Holt, Rinehart and Winston, 1961.

[7] Bresser-Pereira e Paulo Gala (2008).

[8] Bresser-Pereira, op. cit., p. 81.

SUBSÍDIOS À TEORIA DO CRESCIMENTO RETARDATÁRIO

Nos capítulos anteriores mostramos, com base em teorizações da economia do desenvolvimento, que é possível definir políticas econômicas diferentes das propostas pela teoria neoclássica para as economias retardatárias. A par desse enfoque de aspectos específicos, faz-se necessário propor um modelo geral do crescimento retardatário que sublinhe a diferença essencial entre ele e o crescimento clássico. O presente capítulo contém primeira tentativa de atender a essa necessidade.

As características especiais do crescimento retardatário decorrem, conforme se viu, de três diferenças em relação ao clássico. A saber: emprego de tecnologia *labour using* desajustada de sua superabundância de mão-de-obra; utilização de unidades produtivas de grande porte, em conflito com seu pequeno mercado interno; e papel fundamental do mercado. O modelo a seguir proposto leva em conta esses três pontos fundamentais. Comecemos pelo último deles.

Segundo deflui dos paradigmas explicativos do crescimento clássico, o mercado é irrelevante para ele. O processo dinâmico depende exclusivamente das disponibilidades de mão-de-obra, capital e tecnologia. Quando esse padrão é erradamente aplicado ao crescimento retardatário, o aspecto central considerado, se não único, é a disponibilidade de capital ou de poupanças.

Acontece que, no crescimento retardatário, a demanda – e não as poupanças – constitui o ponto principal. Havendo disponibilidade de mercado, a poupança cresce endogenamente. A conclusão é, portanto, que se em paradigma interpretativo do crescimento clássico a demanda pode ser ignorada, em paradigma a ser criado para o crescimento retardatário o mesmo vale para a oferta. Ou, como se mostrou anteriormente, se no crescimento clássico pode-se aceitar a tese de que toda oferta cria sua própria demanda, no retardatário é lícito afirmar que toda demanda cria sua própria oferta. Diante disso, no paradigma para o crescimento retardatário a seguir proposto, somente o aspecto da demanda é considerado.

Sucede, porém, que o incremento do PIB constitui uma das principais determinantes da dimensão do mercado à disposição do país. Um modelo interpretativo do crescimento retardatário, embora colocado na perspectiva da demanda, não pode ignorar o crescimento do PIB, mesmo que este seja considerado exclusivamente como gerador de mercado. Portanto, a indagação passa a ser a seguinte: de qual dos modelos de crescimento disponíveis deve-se tirar a explicação para o crescimento do PIB?

Dois tipos principais de teoria se propõem hoje a explicar esse crescimento. O primeiro deles, exemplificado pela contribuição de Solow,[1] toma o capital e o trabalho como determinantes do aumento do PIB. A tecnologia é considerada exógena ao modelo. A explicação do seu constante progresso caberia a engenheiros, e não a economistas.

O segundo tipo de modelo, que tem em Romer[2] seu primeiro proponente, leva em conta, além de capital e trabalho, também a tecnologia. Por isso mesmo tornou-se conhecido como teoria do crescimento endógeno.

No entanto, como já afirmava Ranis, o modelo mais ajustado às teorizações do crescimento retardatário é o de Harrod-Domar, tido como ultrapassado pela *mainstream economics.* Ele ignora o papel do trabalho e da tecnologia no crescimento econômico, levando em conta somente o capital. Da perspectiva do crescimento retardatário, essa exclusão é aceitável porque se está diante de oferta ilimitada de trabalho nos países subdesenvolvidos (resultante da adoção de tecnologia *labour saving*), o que torna esse fator de produção um bem livre. Pode, portanto, ser ignorado pela Economia. As tecnologias, por sua vez, são um bem público, sua utilização por uns não exclui o uso por outros. E como existe enorme estoque delas ainda não utilizadas (ou não utilizadas com a amplitude possível) pelos subdesenvolvidos, estes não dependem de investimentos para criá-las. Donde poder-se também ignorá-las em modelo explicativo do crescimento retardatário.

A teoria Harrod-Domar descreve as condições a serem atendidas para que o crescimento possa ocorrer sem tropeços. Algebricamente esta pode ser apresentada da seguinte maneira:

$$ae = dI / dt . k$$

Onde:

a = produtividade do capital
e = propensão a poupar
dI / dt = aumento dos investimentos
k = multiplicador

O que esses autores estão dizendo é que o aumento da capacidade instalada decorrente dos investimentos (e) (supostamente iguais às poupanças), multiplicados pela produtividade do capital (a), deve ser igual ao aumento da demanda resultante do acréscimo de investimento (dI / dt) ampliados pelo efeito do multiplicador (k).

Acontece que o aumento da demanda considerada no modelo é retirado diretamente da teoria keynesiana, sendo, portanto, demanda monetária, e não demanda real ou mercado. Não há qualquer dúvida de que, se a elevação da capacidade instalada não for acompanhada de aumento igual da demanda monetária, o crescimento entrará em colapso. No entanto, o que ocorre nesse caso é situação recessiva de curto prazo, corrigível por medidas do tipo sugerido por Keynes. Sua consequência é a colocação de dI / dt no nível requerido pelo aumento da capacidade instalada. Não tem sentido, portanto, incluí-la em modelos de crescimento essencialmente de longo prazo. Fato reconhecido tanto pelos modelos neoclássicos quanto pelos de crescimento endógeno, que ignoraram completamente o aspecto de demanda monetária.

O significativo para nossa análise no modelo Harrod-Domar é exclusivamente o aspecto da oferta (ae). Aspecto esse que constitui a contribuição de Harrod, discípulo de Keynes, para o modelo.

Uma observação final nos parece significativa. Posto que Harrod já houvesse apresentado versão de sua teoria antes da Segunda Guerra Mundial, sua grande aceitação ocorreu no período imediatamente posterior ao conflito. Época em que a Europa, em consequência da contenda, dispunha de grande quantidade de mão-de-obra ociosa, resultado da destruição dos bens de capital de que dependia seu emprego. A tecnologia moderna continuava, no entanto, amplamente disponível, independentemente de qualquer investimento. Tudo, portanto, muito parecido com o que acontece hoje em países subdesenvolvidos. Não surpreende, assim, que continue aplicável a eles um modelo de crescimento aceitável à época e abandonado depois, com a recuperação econômica da Europa.

Antes de oferecer subsídios para paradigma ajustado ao crescimento retardatário, cabe formalizar os termos da discussão anteriormente apresentada sobre a viabilidade de crescimento baseado exclusivamente no mercado interno. Furtado acreditava nessa possibilidade, desde que a inexistência de anel de *feedback* nos subdesenvolvidos fosse compensada por ampla política de redistribuição de renda. Nós mesmos defendemos a tese de que o crescimento exclusivamente para dentro não seria viável diante do problema decorrente do tamanho mínimo das unidades produtivas, imposto pela moderna tecnologia.

A divergência entre os crescimentos clássico e retardatário decorre, em última análise, do desajustamento entre a realidade dos países subdesenvolvidos e a tecnologia importada de que fazem uso. A saber, tecnologia *labour saving* em países com oferta ilimitada de trabalho e tecnologia exigindo unidades produtivas de grande porte, em países de mercado interno relativamente pequeno. Enquanto Furtado baseia sua proposta na primeira distorção, nós enfatizamos a segunda. A análise que segue considera o problema de mercado nas economias retardatárias desse ponto de vista.

Nos países desenvolvidos, a oferta e procura globais podem ser definidas da seguinte forma:

$$Q = pq$$
$$D = [ns\,(1 + m)]\,q$$

Onde *Q* é a oferta global de bens; *p*, o preço médio dos produtos; *q*, o número de bens produzidos; *D*, a demanda global, *s* o salário médio; *n*, o número de trabalhadores necessário para produzir cada bem e, finalmente; o *m*, *mark up*. Essa é formulação simplificada de um mundo de dois fatores de produção em que o trabalho é remunerado pelo salário e o capital pelo *mark up*, medido como percentagem do custo. O salário é, outrossim, o custo único da empresa.

O anel de *feedback* existe nesse caso porque as empresas fazem o preço levando em conta o custo e *o mark up*. Ou seja:

$$p = ns\,(1 + m)$$
$$Q = D$$

O problema nos países subdesenvolvidos, tal como apresentado por Furtado, pode ser explicado da seguinte forma. Quando tem início a atividade manufatureira (tipicamente através da substituição de importações), os bens criados são oferecidos ao preço internacional p. Como o salário nesses países (s_r) é inferior ao pago nos desenvolvidos (s), temos:

$$Q_r = pq$$

$$D_r = [ns_r (1+ m)]q$$

Onde D_r é a demanda global nos subdesenvolvidos e Q_r, a oferta. Como o preço é o mesmo dos países desenvolvidos e $s_r < s$, temos:

$$Q > D_r$$

O anel de *feedback* desaparece, assim, com o surgimento do problema de insuficiência da demanda global. O objetivo da distribuição de renda proposta por Furtado é tornar s_r igual a s, criando, através de ação oficial distributivista, o suplemento de demanda necessário para viabilizar desenvolvimento com base exclusivamente no mercado interno. Os salários extremamente baixos nos subdesenvolvidos decorrem da oferta ilimitada da mão-de-obra, situação que tem o mesmo papel do "exército industrial de reserva" na fase inicial do capitalismo.

A tese por nós proposta é a de que existe mecanismo pelo qual s_r se eleva até chegar ao nível s, criando o anel de *feeedback* também nos subdesenvolvidos. Recapitulemos esse mecanismo já descrito anteriormente. Os sindicatos do setor moderno da economia têm interesse em obter s_r tão elevado quanto possível. A par disso, o lucro bruto das empresas nos países subdesenvolvidos é dado por (mns_r)q, ou seja, pelo *mark up* aplicado no custo de cada bem, multiplicado pelo número de bens produzidos. Como o *mark up* é considerado fixo e q, limitado pela capacidade de produção da empresa, a elevação do lucro bruto depende do aumento de s_r. Ou seja, sindicatos e empresas têm interesse na elevação de s_r, o que, em princípio, determinaria aumento ilimitado de salários. Sucede, porém, que o preço da empresa substituidora de importações não pode ser maior que o internacional (mais uma tarifa aduaneira fixa). Como vimos, este último é dado por:

$$p = ns (1+m)$$

Sendo n e m fixos, s_r não pode ser superior a s. Atingido esse ponto, cessa o ciclo de reivindicações e concessões salariais. Assinale-se, todavia, que a igualdade entre s e s_r não ocorre necessariamente. Tal é o caso quando o *mark up* nos subdesenvolvidos é maior que nos desenvolvidos, ou a mão-de-obra empregada por unidade de produto (n) é superior nos primeiros. Nesses casos, a empresa pode maximizar seu lucro bruto sem a igualização de salários.

A observação que cabe é, então, a seguinte: como o anel de *feedback* existe no setor moderno das economias subdesenvolvidas, e é este que comanda todo o processo dinâmico seria, em princípio, possível crescimento baseado exclusivamente no mercado interno. O que impede que tal aconteça é o problema da indivisibilidade, ou do tamanho mínimo tecnologicamente necessário. O aspecto da indivisibilidade terá, assim, papel fundamental no modelo a seguir proposto.

Passemos agora ao modelo para o crescimento retardatário. Na análise que segue manteremos as simplificações admitidas nos exemplos aritméticos do apêndice do capítulo "Crescimento clássico e crescimento retardatário". Ou seja, a demanda se dividirá igualmente por cinco setores da economia e as empresas (uma por setor) têm todas o mesmo tamanho mínimo de 1.000 imposto pela moderna tecnologia.

Nas economias desenvolvidas, que criam sua própria tecnologia, o tamanho mínimo das unidades produtivas se ajusta automaticamente às dimensões do mercado. Ou, em termos dinâmicos, o incremento do PIB, que mede o crescimento do mercado, é sempre suficiente para viabilizar novos investimentos, mantendo a continuidade do crescimento econômico. A situação nesses países pode ser representada pela fórmula abaixo.

Sendo Q o PIB, e a propensão a poupar (e investir), a produtividade do capital, T o tamanho mínimo das unidades produtivas e r o número de setores, a situação seria a seguinte nesses países:

$$(aeQ)\ 1/r \geq T \qquad (1)$$

Ou seja, o crescimento vegetativo do PIB – ou mercado (aeQ) – disponibiliza aos r de diferentes setores demanda compatível com o tamanho mínimo (T) das unidades produtivas. Isto é, o mercado não oferece qualquer empecilho ao crescimento da oferta (ou do PIB) nos desenvolvidos. Observe-se que se aceita ae como determinante do crescimento do PIB, tal como proposto no modelo Harrod-Domar.

Exemplo aritmético ilustrará o que acontece. Um PIB de 50.000 crescendo a 10% ao ano proporciona mercado adicional de 5.000. Este, por sua vez, dividido igualmente por cinco setores, propicia a demanda de 1.000 para cada um, compatível com o tamanho mínimo, também de 1.000, das unidades produtivas. Inexiste, assim, problema de mercado nas economias maduras.

A situação nos subdesenvolvidos, que importam tecnologia exigindo unidades produtivas de grande porte, incompatíveis com o pequeno tamanho dos seus mercados, seria a seguinte:

$$(aeQ)\ 1/r < T \qquad (2)$$

Ou seja, o crescimento vegetativo do mercado interno não proporciona demanda setorial compatível com o tamanho mínimo das unidades produtivas. Portanto, mesmo que o país consiga mobilizar poupança de nível adequado à eliminação do atraso econômico, o crescimento se chocaria com o problema de mercado decorrente da indivisibilidade.

O problema pode ser contornado através da criação de disponibilidade no mercado interno por via institucional ou do que chamamos de protecionismo educativo. Assim, teríamos:

$$(aeQ + M)\ 1/r \geq T \qquad (3)$$

M é o estoque das importações substituíveis que, ao complementar o crescimento vegetativo do mercado (proporcionado pelo incremento do PIB), viabiliza o processo dinâmico. Essa foi a situação criada pelo protecionismo viabilizador do modelo de substituição de importações.

Suponhamos agora que as oportunidades de substituição de importações tenham se esgotado, sendo, portanto, M = 0. Nesse momento vai se declarar o problema resultante do tamanho mínimo das unidades produtivas ou da indivisibilidade. Seguindo-se o exemplo aritmético anterior, a situação seria: findo o processo de substituição de importações, o PIB do país subdesenvolvido estaria em 10.000, crescendo 10% ao ano. Os 1.000 adicionais de mercado gerados dessa forma, divididos igualmente entre os cinco setores da economia, se traduzem em 200 de demanda para cada um, incompatíveis com o tamanho mínimo de 1.000 das unidades produtivas.

Para que, esgotada a fase de substituição de importações, se passe automaticamente à de crescimento autossustentado (isto é, com mercado resultante apenas do crescimento vegetativo do PIB), o país subdesenvolvido deveria estar em situação correspondente à exemplificada no modelo (1) anterior, que especifica a situação dos países desenvolvidos. Na prática, a dificuldade para atingir o nível de PIB requerido para o crescimento autossustentado é ainda maior.

Conforme vimos nas contribuições da economia do desenvolvimento, não basta existir mercado para somente *uma* unidade produtiva. Isso porque o potencial investidor preferiria não se arriscar em empreendimento que se tornará inviável na existência de um único concorrente. Ou seja, o modelo que especifica a condição para a passagem da substituição de importações para o crescimento autossustentado é o seguinte:

$$(aeQ)\ 1/r \geq j\ T \qquad (4)$$

Sendo j o número mínimo de unidades produtivas que o crescimento vegetativo deveria viabilizar por setor. De acordo com o exemplo e em princípio, bastaria que, findo o modelo de substituição de importações, o PIB do país subdesenvolvido estivesse em 50.000. Porque, com incremento do PIB de 10% ao ano, o mercado adicional para cada setor seria de 5.000, viabilizando uma unidade de tamanho mínimo 1.000 em cada um dos cinco setores. Suponhamos, porém, que j seja igual a 5. Ou seja, pelo menos cinco unidades produtivas por setor deveriam ser viabilizadas para que investimentos fossem feitos. O PIB do subdesenvolvido deveria, nesse caso, ser de 250.000. Concretamente, o fato de economia de grande porte como a brasileira não ter alcançado esse nível, ao se esgotarem as oportunidades de substituição de importações, atesta a impossibilidade do crescimento autossustentado. Ou seja, baseado exclusivamente no mercado interno.

Voltando-se ao modelo (3), a solução seria passar para estratégia de crescimento para fora, consistente em exportar parcela (800) da produção setorial que supere os 200 proporcionados pelo crescimento vegetativo do mercado interno. A situação pode ser colocada nos seguintes termos:

$$(aeQ)\ 1/\ r \geq T\ (1\text{-}x) \qquad (5)$$

X constitui a percentagem da produção setorial suscetível de ser exportada. O impacto das exportações é interpretado como equivalente à redução do tamanho mínimo da unidade produtiva, a ser atendido pelo mercado interno. Isto é, esgotadas as oportunidades de substituir importações, a continuidade do desenvolvimento depende da capacidade de o país colocar no exterior o excedente de produção não absorvido pelo mercado interno. Numa hipótese otimista, o mercado internacional estaria amplamente aberto, ficando x muito próximo de 1. Em caso extremo, x seria igual a 1 e, portanto, T igual a zero. Isso significaria a possibilidade de o país exportar qualquer quantidade que se fizer necessária. O tamanho mínimo teria deixado de ser problema.

A tese neoliberal afirma que o mercado externo, do ponto de vista de países subdesenvolvidos, é ilimitado (x = 1 no modelo anterior), devendo-se começar imediatamente com o crescimento para fora. Ela ignora que as vantagens comparativas dessas nações existem fundamentalmente em setores de baixo valor adicionado por trabalhador e lento crescimento, em que o x é baixo. Um dos objetivos da fase de substituição de importações é exatamente criar e dar competitividade a setores de alto valor adicionado por trabalhador e mercados dinâmicos, em que o x é alto.

Por fim, cabe perguntar até que ponto o mercado internacional, não sendo ilimitado, será capaz de proporcionar aos subdesenvolvidos exportações no montante de que necessitam. Embora o crescimento para fora evite o problema da indivisibilidade, defronta-se com a dificuldade de eventual insuficiência global do mercado externo. Para que esta não venha a constituir empecilho à obtenção do pleno desenvolvimento, a seguinte condição se faz necessária:

$$Q + E \geq kU \qquad (6)$$

Onde E representa o estoque de exportações possíveis; k, o produto *per capita* de país plenamente desenvolvido; U, a população do país subdesenvolvido e Q, o mercado interno potencial deste. O sucesso do crescimento para fora depende de E, que representa o estoque de produtos potencialmente exportáveis e vai se reduzindo à medida que se realizam as exportações. Para que seja atingido o pleno desenvolvimento econômico, não pode se esgotar antes de o produto por habitante do país subdesenvolvido chegar ao nível k.

Para tanto, é necessário que as vantagens competitivas naturais dos subdesenvolvidos sejam exploradas a fundo e se crie competitividade nas suas exportações através de investimentos ou de medidas institucionais. Cabe aos desenvolvidos não neutralizarem essa competitividade através de medidas protecionistas.

É a eventual insuficiência de E que justifica o protecionismo desenvolvimentista.

NOTAS

1 R. W. Solow, "Model of Growth", em A. Sen (org.), Growth Economics, Hammonsworth, Penguin Books, 1956.

2 Romer, 1980.

CONSIDERAÇÕES FINAIS: DEZ TESES DESENVOLVIMENTISTAS

As dez teses que seguem não constituem resumo das conclusões do presente trabalho. Foram selecionadas para ilustrar a grande diferença que há entre as propostas da *mainstream economics* e as resultantes da visão desenvolvimentista, que leva em conta a especificidade do crescimento retardatário. Cada uma delas foi objeto, no texto principal, de justificação teórica nos termos consagrados pela *mainstream economics*, condição exigida pela visão neoclássica para que sejam objeto de consideração e análise. Essa justificação deve, obviamente, ser discutida e aprofundada, o que constitui tarefa do desenvolvimentismo keynesiano.

A *mainstream economics* considera satisfatório para o Brasil incremento do PIB de 5% ao ano, tomando essa percentagem, inclusive, como limite superior ao crescimento. Dado que sua ultrapassagem geraria pressões inflacionárias. Para a visão desenvolvimentista, a fim de que o Brasil atinja o pleno desenvolvimento em prazo razoável, evitando graves problemas econômicos e sociais, a taxa média de incremento anual do PIB deve ser de 6,5%.

Segundo a *mainstream economics*, a geração de nível adequado de poupanças é a condição básica para o sucesso de políticas de desenvolvimento. Para o desenvolvimentismo, o requisito para tanto é a existência de mercado disponível de dimensão e dinamismo adequados. Atendida essa condição, as poupanças são geradas endogenamente.

Os modelos neoclássicos de crescimento econômico aceitam a lei de Say, segundo a qual toda oferta gera seu próprio mercado. O desenvolvimentismo sustenta que, nos subdesenvolvidos, a cadeia causal é inversa: toda disponibilidade de mercado gera oferta das dimensões necessárias para atendê-lo.

Para a *mainstream economics*, o capital estrangeiro é essencial nas políticas de desenvolvimento, diante da dificuldade enfrentada pelas economias atrasadas para reduzir o já baixo nível de consumo e gerar as poupanças necessárias. O desenvolvimentismo afirma que o papel do capital estrangeiro é secundário, pois, com a aplicação de estratégia econômica que garanta mercado adequado, a poupança cresce endogenamente para os níveis requeridos, sem qualquer redução do consumo.

A *mainstream economics* afirma que as grandes entradas recentes de capital de risco no Brasil estão contribuindo, de forma importante, para o desenvolvimento do país. Segundo o desenvolvimentismo, o capital estrangeiro está apenas substituindo (*crowding out*) o nacional. Alegação confirmada, no caso brasileiro, pelo fato de que, apesar do substancial ingresso de recursos externos, a taxa de investimentos sobre o PIB permanece constante.

Na visão neoclássica, o controle da inflação deve ser obtido através de políticas monetárias destinadas a garantir o rigoroso cumprimento das metas de inflação. Para o desenvolvimentismo, a estabilidade de preços deve ser obtida através de política de rendimentos que compatibilize as reivindicações dos agentes econômicos com o tamanho do PIB. A prioridade concedida às metas de inflação pode entrar em choque com o crescimento econômico. O correto é adotar metas de desenvolvimento e definir, em função delas, os meios e modos de manter o equilíbrio monetário.

Na visão neoclássica, se afirma que os elevados juros praticados no Brasil constituem forma eficaz de controle da inflação. A análise desenvolvimentista afirma que as altíssimas despesas do governo com o pagamento dos juros da dívida pública constituem a principal causa das pressões inflacionárias remanescentes no país.

Para a *mainstream economics*, o protecionismo é apenas um *second best* relativamente à eliminação direta do custo-país (custo-Brasil em nosso caso). Para o desenvolvimentismo, a eliminação do custo-país é que deve ser considerada um distante (e possivelmente inexequível) *second best* em relação ao protecionismo.

A *mainstream economics* afirma que a subvalorização da moeda nacional, promovida pelos governos de alguns países subdesenvolvidos, constitui interferência indevida nos mecanismos de mercado e forma desleal de concorrência. Para o desenvolvimentismo, a desvalorização de moeda nacional constitui forma legítima não só de corrigir a sobrevalorização da moeda de países subdesenvolvidos, determinada pelo mecanismo de preços, como de garantir a competitividade do produto nacional no mercado externo, através do chamado protecionismo extenso.

Os defensores do neoliberalismo consideram a Alca de importância fundamental, pois abriria ao Brasil o maior mercado do mundo – o dos Estados Unidos. Os desenvolvimentistas denunciam a Alca como forma de nos impor especialização em *commodities* agrícolas e industriais, setor de baixo valor adicionado por trabalhador, tecnologia elementar e mercado de lento crescimento. Portanto, incompatível com o objetivo de levar o país ao pleno desenvolvimento.

BIBLIOGRAFIA

AKIUZ, Y.; GORE, C. *The Investment:* Profits Nexus in East Asian Industrialization. Unctad, 1994. (Discussion Paper 91)

ARIDA, P.; RESENDE, A. *Inertial Inflation and Monetary Reform in Brazil.* Rio de Janeiro, 1985. PUC, Rio de Janeiro. (texto para discussão)

AUJAC, H. Influence du comportement des groupes sociaux sur le developpement d'une inflation économie. *Économie Appliquée.* 1950, pp. 280-99.

BACHA, E. *Moeda inércia e conflito.* Rio de Janeiro, 1987. PUC, Rio de Janeiro. (texto para discussão)

BACHARACH, M. The Role of "Verstehen" in Economic Theory. *Richerche Economiche.* Jan-jun. 1989.

BANCO MUNDIAL. *The East Asian Miracle:* Economic Growth and Public Policy. New York: Oxford University Press, 1993.

______. The Growth Report. *Strategy for Sustained Growth and Inclusive Development Comission on Growth and Development.* Washington: Banco Mundial, 2008.

BARRO, R. J. *Determinants of Economic Growth.* Londres: MIT Press, 1999.

BARROS, O.; PEREIRA, R. R. Desmistificando a tese da desindustrialização: reestruturação da indústria brasileira em uma época de transformações globais. In: BARROS, O.; GIAMBIAGI, F. (orgs.). *Brasil globalizado.* Rio de Janeiro: Campus, 2008.

Bielschowsky, R.; Mussi, C. (orgs.). *Políticas para a retomada do crescimento.* Brasília: Ipea, 2002.

Blaug, M. *Economic Theory in Retrospect.* Cambridge: Cambridge University Press, 1975.

Boeke, J. H. Social Dualism. In: Meier, G. M. (org.). *Leading Issues in Development Economics.* New York: Oxford University Press, 1964.

Bresser-Pereira, L. C. *Macroeconomia da estagnação.* São Paulo: Editora 34, 2007.

______. Poupança externa, insuficiência de demanda e baixo crescimento. In: Sicsú, J.; Vidotto, C. (orgs.). *Economia do desenvolvimento.* Rio de Janeiro: Campus-Elsevier, 2008.

Carliner, Geoffrey. Comentário a A. O. Krueger. East Asia Experience and Endogenous Growth Theory. In: Ito, Takatoshi; Krueger, Anne O. (orgs.). *Growth Theories in Light of the East Asian Experience.* National Bureau of Economic Research, Chicago: University of Chicago Press, 1995.

Carvalho, C. E. Dívida pública: politizar o problema para derrotar a dominação dos credores. In: Sicsú, J. (org.) *Arrecadação (de onde vem?) e gastos públicos (para onde vão?).* São Paulo: Boitempo, 2007.

Cepal. *América Latina y el Caribe:* políticas para mejorar la inserción en la economia mundial. Cepal: Santiago do Chile, 1995.

Chang, H. J. *Kicking Away the Ladder.* Londres: Anthem Press, 2002.

Contador, C. R. O financiamento da retomada: desafios e oportunidades. In: Leite, A. D.; Velloso, J. P. R. (orgs.) *O novo governo e os desafios do desenvolvimento.* Rio de Janeiro: José Olympio, 2002.

Delfim Netto, A. Transição crítica. In: Leite, A. D.; Veloso, J. P. R. *O novo governo e os desafios do desenvolvimento.* Rio de Janeiro: José Olympio, 2002.

Domar, E. D. *Essay in the Theory of Economic Growth.* New York: Oxford University Press, 1957.

Dutt, A. K.; Ros, J. *Development Economics and Structuralist Macroeconomics.* Northampton: Edward Elgar, 2003.

Eckaus, R. S. The Factor Proportion Problem in Underdeveloped Countries. In: Argawala, A. N.; Singh, S. P. (orgs.). *The Economics of Underdevelopment.* Londres: Oxford University Press, 1958.

Emmanuel, A. *Unequal Exchange:* A Study of the Imperialism of Trade. New York: Monthly Review Press, 1972.

Fei, J. C. H.; Ranis, G. *Development of the Labour Surplus Economy:* Theory and Policy. Homewood, Illinois: Richard Irwin, 1964.

Filgueiras, L.; Gonçalves, R. *A economia política do governo Lula.* Rio de Janeiro: Contraponto, 2007.

Fraga, A. Prefácio. In: Pinheiro, A. C.; Giambiagi, F. (orgs.). *Rompendo o marasmo.* Rio de Janeiro: Campus-Elsevier, 2006.

Franco, G. O Plano Real em perspectiva de médio prazo. In: Velloso, J. P. R. (org.). *O Brasil e o mundo no limiar do novo século.* Rio de Janeiro: José Olympio, 1998.

Furtado, C. *A formação econômica do Brasil.* Rio de Janeiro: Fundo de Cultura, 1959. ______. *Teoria política do desenvolvimento econômico.* São Paulo: Editora Nacional, 1967.

______. *Análise do modelo brasileiro.* Rio de Janeiro: Civilização Brasileira, 1973.

______. *O mito do desenvolvimento econômico.* Rio de Janeiro: Paz e Terra, 1981. Gonçalves, R. *Ó abre alas.* Rio de Janeiro: Relume Dumará, 1994.

______. *Globalização e desnacionalização.* São Paulo: Paz e Terra, 1999.

Guimarães, S. P. *Quinhentos anos de periferia.* Rio de Janeiro: Contraponto, 1999.

Harrod, R. F. *Towards a Dynamic Economics.* Londres: Macmillan, 1949.

Higgins, B. *Economic Development.* Londres: Constable and Company, 1959.

______. The Dualist Theory of Underdeveloped Areas. In: Meier, G. M. (org.). *Leading Issues in Development Economics.* New York: Oxford University Press, 1964.

Hirschman, A. O. *The Strategy of Economic Development.* New Haven: Yale University Press, 1959.

HOFF, C.; STIGLITZ, J. E. Modern Economic Theory and Development. In: MEIER, G. M.; STIGLITZ, J. E. (org.). *Frontiers of Development Economics*. New York: Banco Mundial e Oxford University Press, 2001.

HOLZMAN, F. D. Income Determination and Inflation. In: BALL, R. J.; DOYLE, P. (orgs.). *Inflation*. Middlesex: Penguin Books, 1969.

HOSSAIN, A.; CHOWDHURY, A. *Open-Economy Macroeconomics for Developing Countries*. Northampton: Edward Elgar, 1998.

IEDI. *Ocorreu desindustrialização no Brasil?* São Paulo: Iedi, 2005.

______. *Superávit menor e com menos tecnologia da indústria de transformação*. São Paulo: Iedi, 2007.

INTERNATIONAL LABOUR OFFICE. Employment Objectives in Economic Development In: MEIER, G. M. (org.). *Leading Issues in Development Economics*. New York: Oxford University Press, 1964.

JANK, M. S. et al. Exportações: existe uma "doença brasileira"? In: BARROS, O.; GIAMBIAGI, F. (orgs.). *Brasil globalizado*. Rio de Janeiro: Campus, 2008.

KAHNERT, F. et al. *Economic Integration among Underdeveloped Countries*. Paris: OCDE, 1969.

KEYNES, J. *Teoria general de la ocupación interes y el dinero*. México: Fondo de Cultura Económica, 1945.

KRUGMAN, P. Toward a Counter-Counterrevolution in Development Theory. *Proceedings of de World Bank Annual Conference on Development Economics 1992*. Washington: World Bank, 1992.

______. *Development, Geography and Economic Theory*. Londres: MIT Press, 1995.

KUHN, T. S. *The Structure of Scientific Revolutions*. Chicago: Chicago University Press, 1970.

KUZNETS, S. Underdeveloped Countries and the Pre-Industrial Phase in the Advanced Countries. In: AGARWALA, A. N.; SINGH, S. P. (orgs.). *The Economics of Underdevelopment*. Londres: Oxford University Press, 1958.

______. *Modern Economic Growth*. Londres: Yale University Press, 1966.

LAKATOS, I. Falsification and the Methodology of Scientific Research Programmes. In: LAKATOS, I.; MUSGRAVE, A. (orgs.) *Criticism and the Growth of Knowledge*. Cambridge: Cambridge University Press, 1989.

LATINI, S. A. *A implantação da indústria automobilística no Brasil*. São Paulo: Editora Alaúde, 2007.

LE BOURVA, J. *L'Inflation française d'après guerre 1945-1949*. Paris: Armand Colin, 1952.

LEIBENSTEIN, H. *Economic Backwardness and Economic Growth*. Londres: John Wiley, 1957.

LEITE, A. D.; SOUZA, F. E. P. Síntese e introdução. In: LEITE, A. D.; VELLOSO, J. P. R. (orgs.). *O novo governo e os desafios do desenvolvimento*. Rio de Janeiro: José Olympio, 2002.

LEWIS, W. A. Economic Development with Unlimited Supply of Labour. In: AGARWALA, A. N.; SINGH, S. P. (orgs.). *The Economics of Underdevelopment*. Glasgow: Oxford University Press, 1958.

LISBOA, M. B. Instituições, consequências e pragmatismo: evolução e desafios da economia brasileira. In: BACHA, E. L.; OLIVEIRA FILHO, L. C. (orgs.). *Mercado de capitais e crescimento econômico*. Rio de Janeiro: Contra Capa Livraria, 2005.

LIST, F. The National System of Political Economy. In: NEWMAN, P. C. et al. (orgs.). *Source Readings in Economic Thought*. New York: W. W. Norton, 1954.

LOPES, F. L. Teoria e política da inflação brasileira: uma revisão crítica da literatura. In: SAYAD, J. (org.). *Resenhas da economia brasileira*. São Paulo: Saraiva, 1986.

LOVE, J. L. *Crafting the Third World*. Stanford: Stanford University Press, 1996.

MAGALHÃES, J. P. A. *Paradigmas econômicos e desenvolvimento*. Rio de Janeiro: Eduerj e UFRJ, 1996.

______. *Nova estratégia de desenvolvimento para o Brasil*. Rio de Janeiro: Paz e Terra, 2005.

Maia, R.; Saldanha, R. Política de salário mínimo: uma questão a ser equacionada. In: Sedlacek, G. L.; Barros, R. P. *Mercado de trabalho e distribuição de renda.* Ipea, 1986. (monografia 35)

Marx, K. *Le Capital.* Paris: Éditions Sociales, 1950.

Mazumdar, D. Segmented Labour Markets. In: Less Developed Countries. *The American Economic Review.* Mai. 1983.

Mercadante, A. *Brasil:* primeiro tempo. São Paulo: Planeta, 2006.

Murphy, K. M. et al. Industrialization and the Big Push. *Journal of Political Economy.* 1989, v. 97, n. 51.

Myint, H. Economic Theory and Underdeveloped Countries. In: Martin, K.; Knapp, J. (orgs.). *The Teaching of Development Economics.* Chicago: Aldine Publishing Company, 1967.

Myrdal, G. *Economic Theory and Underdeveloped Countries.* Londres: G. Duckworth, 1957.

Nurkse, R. *Problemas de formación de capital en los países insuficientemente desarrollados.* Cidade do México: Fondo de Cultura Económica, 1955.

______. Excess Population and Capital Construction. In: Meier, G. M. (org.). *Leading Issues in Development Economics.* New York: Oxford University Press, 1964.

Ocampo, J. A. O desafio da transformação produtiva com igualdade. In: Bndes. *Modelos e políticas de desenvolvimento.* Rio de Janeiro: bndes, 1998.

Prebisch, R. O desenvolvimento econômico da América Latina e seus principais problemas. *Revista Brasileira de Economia.* Set. 1949.

Rangel, I. *Dualidade básica da economia brasileira.* Rio de Janeiro: Instituto Superior de Estudos Brasileiros, 1957.

Ranis, G. Theories of Economic Growth in Capitalist Countries. In: Robindon, E. A. G. (org.). *Problems in Economic Development.* Londres: Macmillan, 1965.

______. Analytics of Development: Dualism. In: Chenery, H.; Srinivasan, T. N. (orgs.). *Handbook of Economic Development.* Amsterdam: North Holand, 1988.

Ranis, G.; Fei, J. Development Economics: What Next? In: Ranis, G.; Schultz, T. P. (orgs.). *The State of Development Economics.* Cambridge, Massachusetts: Blackwe, 1988.

Reis, J. G. A.; Barros, R. P. Desigualdade salarial: resultado de pesquisas recentes. In: Camargo, J. M.; Giambiagi, F. (orgs.). *Distribuição de renda no Brasil.* Rio de Janeiro: Paz e Terra, 1991.

Rocha, S.; Albuquerque, R. C. A questão do emprego: mais ocupação e renda com justiça social. In: Velloso, J. P. R. (org.). *Projeto de Brasil, opções de país, opções de desenvolvimento.* Rio de Janeiro: José Olympio, 2006.

Romer, P. Increasing Returns and Long Run Growth. *Journal of Political Economy.* Out. 1986.

Rosenstein-Rodan, P. Problems of Development in Eastern and South Eastern Europe. In: Okun, B.; Richardson, R. W. (orgs.). *Studies in Economic Development.* New York: Holt, Rinehart and Winston, 1961.

Say, J. B. The Vent or Demand for Products. In: Newman, P. et al. (orgs.). *Source Readings on Economic Thought.* New York: W. W. Norton, 1954.

Schumpeter, J. A. *History of Economic Analysis.* New York: Oxford University Press, 1954.

Sicsú, J. *Emprego, juros e câmbio.* Rio de Janeiro: Campus, 2007.

______. Apresentação. In: Sicsú, J. (org.). *Arrecadação (de onde vem?) e gastos públicos (para onde vão?).* São Paulo: Boitempo Editorial, 2007.

Sicsú, J.; Vidotto, C. (orgs.). *Economia do desenvolvimento:* teoria e políticas keynesianas. Rio de Janeiro: Campus, 2008.

SIMONSEN, M. H. Salários, dualismo e desenvolvimento estrutural. *Revista Brasileira de Economia.* Dez. 1963

SINGER, H. W. The Distribution of Gains Between Investing and Borrowing Countries. In: OKUN, B.; RICHARDSON, R. W. (org.). *Studies in Economic Development.* New York: Holt, Rinehart and Winston, 1961.

SOLOW, R. W. Model of Growth. In: SEN, A. (org.). *Growth Economics.* Hammonsworth: Penguin Books, 1956.

SEERS D. As Limitações do Caso Especial. In: *Clássicos da Literatura Econômica.* Rio de Janeiro: IPEA/INPES, 1988.

SRINIVASAN, T. N. The Sources of East Asian Economic Growth. In: RANIS, G. M. et al. (org.). *The Political Economy of Comparative Development into the 21st Century.* Northampton: Edward Elgar, 1999.

TODARO, M. P. (org.). *The Struggle for Economic Development.* New York: Longman, 1983.

UNCTAD. Trade and Development Report. New York: Unctad, 2006.

VINES, D. Comentário a I. Adelman. Fallacies of Development Theory and Their Implications for Policy. In: MEIER, G. M.; STIGLITZ, J. E. (orgs.). *Frontiers of Development Economics.* New York: Banco Mundial e Oxford University Press, 2001.

YOUNG, A. A. Increasing Returns and Economic Progress. *Economic Journal.* 38, 1928.

YUSUF, S.; STIGLITZ, J. E. Development Issues: Settled and Open. In: MEIER, G. M.; STIGLITZ, J. E. (orgs.). *Frontiers of Development Economics.* Washington: Banco Mundial, 2004.

O AUTOR

João Paulo de Almeida Magalhães possui formação em Direito pela PUC-RJ. Com ênfase na área de Economia Política, obteve também os títulos de livre-docente pela USP e professor titular pela UFRJ. Pela Universidade de Paris I, obteve o título de Docteurs ès Sciences Économiques (doutorado de Estado).

Em sua vasta experiência profissional foi diretor do Departamento Econômico da Confederação Nacional da Indústria, economista-chefe do núcleo de planejamento do governo Jânio Quadros, membro do Comitê de Peritos da Aliança para o Progresso. Foi presidente do Corecon-RJ nas gestões de 2006 a 2008. Atualmente, é membro do Conselho de Orientação do IPEA e presidente do Centro de Estudos para o Desenvolvimento (CED).

GRÁFICA PAYM
Tel. (011) 4392-3344
paym@terra.com.br